中国国有企業の株式会社化

中国国有企業の株式会社化

――経済体制転換と企業制度改革――

虞　建　新著

信　山　社

はしがき

中国は、一九七八年以来、市場経済を目指して経済体制を転換しつつある。二〇数年を経た現在、世界貿易機構（WTO）への加盟を目前とするところまで至っている。その間、企業制度改革はといえば、当初は、国家所有権を維持したまま、所有権と経営権を分離して経営権を拡大することから開始された。まず一九八四年に会社制度の導入を内容とした株式制企業の試行が始められ、一九九三年に「社会主義市場経済体制」の樹立が打ち出された後、株式制企業化は、ついに企業制度改革の主流に躍り出た。

中国以外の旧社会主義諸国においても、一九八〇年代後半に起きた変革は、世界中の耳目を集めた。これらの国々にあっても一様に、市場経済化を目指す経済体制改革が追求されるようになった。それぞれの国の事情に応じて、企業制度改革の試行錯誤が繰り広げられ、多種多様な様相が展開されてきている。しかし、会社制度、とりわけ株式会社制度の導入が目指された点は、これらのすべての国々に共通している。

旧社会主義諸国における国有企業の株式会社化に関しては、これまでにも経済学者や法学者によって研究が進められてきた。とりわけ、経済学の実証的研究や、法概念を重んじる理論研究については、これまでに相当数の業績が蓄積されてきている。しかし、法制度としての企業組織が、どのような現実の変化に遭遇しながらどのように変動してきたかの実態を踏まえながら、国有企業の株式会社化の意義を掘り下げて捉えようとした研究は、未だ稀である。本書において筆者は、中国特有の改革方式から生まれた政治・社会の実情に分け入りながら、企業制度改革という視角から、中国の国有企業の株式会社化の問題に取り組んだ。その結果明らかになったのは、市場経済に必要不可欠なのは、市場取引に参加する当事者の主体性の確立にあるということであった。そして、その主体性を基礎づけるものこそ、企業財産所有制度であり、法人制度なのである。

この問題を考察するにあたり、筆者は以下の諸点に配慮した。

第一に、国有企業制度改革を、経済体制改革と関連づけて把握するようにした。中国は、物、労働力、金といった生産要素の配分方式につき市場メカニズムを重視するようになり、企業経営の効率化をいっそう求めるようになる中で、企業制度改革の鍵を、市場経済体制に最も相応しい株式会社制度の導入に求めることとなったからである。

第二に、株式制企業試行の展開と法整備の状況を、客観的かつ基礎的な情報に基づいて把握することに努めた。また、漸進的改革方式が生んだ新・旧体制の併存状況の中で、国有企業がどのように組織的に株式会社へ改組されていったかを明らかにするために、改組の手順、企業再編の内容、株式会社への改組に関連する諸制度等をわかりやすく叙述するよう心がけた。

第三に、企業の財産所有制度に着目した。国有企業の財産所有制度の変遷を、法律や規定に基づいて検討することにより、国有企業が、従来の行政部門の「附属物」的な存在から、主体性をもって市場に参加する当事者へと次第に変化していくための基礎的な要件を、法人財産権の確立に求めるに至った。

第四に、国有企業の株式会社化の問題を、社会、経済、政治的な文脈に位置づけつつ、市場経済の主体性の確立、および会社機関運営の効率化という視角から捉えようとした。中国の経済体制改革は、政治体制の改革と切り離して漸進的に進められてきたが、むしろそれゆえに、中国の国有企業の株式会社化は、政治的要素からの影響を強く受けてきている。そこで本書においては、株主構成に関わる問題をはじめとして、中国社会における企業の性格、企業における共産党組織の位置づけとその役割、企業経営者の人事制度など、政治的諸要素による影響を、法的に分析するよう努めた。また、国有企業制度改革の今後をめぐって展開されている議論を取り上げ、残された課題について著者なりの見解を述べた後、国有企業の株式会社化および独立した経済主体の育成が十分に成功するための鍵を「中国の政治体制改革が市場経済体制にどれだけ対応していけるか」に求めている。

中国の国有企業の株式会社化は、法律の一分野としての会社法制に関わる問題であるに止まらない。それは、経済の運営に関わる基本理念、社会の構造、政治体制の問題などと密接に結びついている。本書は、国有企業の株式会社化を論じるものであるが、同時に、ここ二〇数年来の中国社会の変化を一望しうる便宜を読者に提供しようとするものでもある。また、筆者が所属する名古屋大学大学院法学研究科は、経済体制の移行を現時点で急いでいるアジアの国々に対する法整備支援事業に力を注いでいる。中国は、改革への着手の時期や経済の規模などの点で、これらの国々と多少の違いはあるが、市場経済を目指し、会社制度を導入するために試行錯誤を繰り返してきた過程において、共通した課題を抱えてきた。中国の企業制度改革における このような試行錯誤の足跡を本書に盛り込んだことが、これらの国々における今後の企業制度改革に、いささかなりとも役立つことを期待している。

本書は、直接的には一九九九年に名古屋大学大学院法学研究科に提出した博士論文を基礎としつつ、その後の動向を盛り込むために、相当程度の加筆修正を加えたものである。

本書を執筆するにあたっては、多くの先生方からご指導をいただいた。

名古屋大学法学研究科教授である浜田道代先生には、私が日本で勉強をする機会を得たその最初の時点から、お世話になった。先生に留学生として受け入れて下さることを心を込めてお願いしたところ、快くご承諾いただき、来日してから現在に至るまで、先生の暖かくて厳しいご指導を受けてきている。また、先生に教わっていると、商法の分野に限らず、民法、政治学、哲学などの分野まで、幅広い問題関心をもつようになる。先生ご自身が、真理の追究のみを目指してとらわれのない発想をされること、そして市場原理に対する深い信頼感と、社会に対する強い責任感をもっていらっしゃることから、門下生として受けた恩恵は計り知れない。これこそが、中国の国有企業制度改革に正面から取り組む勇気を私に与えてくれたものであり、私の人生の糧となっている。先生への感謝の気持ちは、言葉で表現し尽くせない。

名古屋大学の名誉教授で現在は大阪学院大学教授でもある、田邊光政先生、名古屋大学国際開発研究科教授の安田信之先生、京都大学法学研究科教授の徳田和幸先生には、大学院に入学して以来中国企業法研究会や大学院のゼミなどで、多くのご教示をいただいた。名古屋大学法学研究科教授の杉浦一孝先生と助教授の中東正文先生には、博士論文の審査の労をとっていただき、的確なご指摘をいただいた。

大学院で共に学んだ院生の皆様からも、議論などを通じて多くの示唆や有益なアドバイスを得た。とりわけ山田泰弘氏（現在は高崎経済大学講師）には、論文提出の間際にも長時間の議論につき合っていただいた。また、広瀬裕樹氏にもしばしば原稿に目を通していただき、有益な示唆をいただいた。また、名古屋大学法学部留学生担当講師の奥田沙織先生には、入学してから現在に至るまで、勉学や生活に関して有益なアドバイスをいただいた。心から感謝の意を表したい。

本書の刊行にあたっては、信山社の袖山貴氏と戸ヶ崎由美子氏に、大変お世話になった。出版事情が困難な中で、本書の出版を快くお引き受けいただいたことに加えて、編集・校正の段階においてもご助言いただいたことに、深く感謝している。なお、在学中に奨学金などにより研究を援助して下さった、ロータリ米山記念奨学金財団など多くの財団にも、この場をお借りしてお礼を申し上げたい。

お礼を申し上げるべき方々は多く、ここに網羅することは到底できない。直接または間接にお教えいただいた先生方や友人諸氏のすべてに対し、私はここで心よりお礼を申し上げたい。

最後に、博士論文の執筆や本書の刊行に当たり、常に私を支え続けてくれた妻暁紅、それにいつも忙しい両親の下で我慢強く辛抱してくれた子供たち、薔静ちゃんと博森くんにも、心から感謝の意を表したい。

二〇〇一年八月三〇日

虞　建　新

目　次

序章

企業制度は、一国の経済制度の重要な部分をなす。企業の所有形態および経営のあり方は、一国の経済体制を特徴付けている。一九四九年以来の中国企業制度の変遷は、中国の経済体制の変遷をよく表しており、しかも中国社会を構築する基本理念の転換をも意味している。

一九七八年以降、中国では市場経済化が着々と進んできた。とくに一九九三年一一月に社会主義市場経済体制の樹立が打ち出された後は、中国の企業制度改革は、ついに典型的な近代産業組織である株式会社制度を本格的に導入するところまで到達した。それによって、株式会社制度は中国の企業制度の主役を演じるようになった。これは、中国社会が近代化に向けて大きく前進したことを象徴している。

株式会社制度は、一九七八年以降の中国でどのように導入されたか。現在の中国の政治・社会の環境のなかでどのように運営されているか。それはうまく機能しているか。これらの問いは、中国の近代化事業が成功するかを問う意味合いをも含んでいる。

本書は、株式会社制度の導入および運営に焦点を当てつつ、ここ二十数年来の中国の企業制度改革を考察する。

第一節　社会主義経済体制下の企業経営

中国は、一九四九年に新中国が成立するとともに、東欧諸国などと同様、ソ連を中心とした社会主義陣営の一員となった。政治体制としては、社会主義の政治理念のもとに、共産党支配の政権が誕生した。一方、経済体制としては、ソ連から影響を受けて、集権的な社会主義計画経済体制[1]を取り入れる方向へ変化し始めた。

生産関係の分野では、一九五二年までに、土地改革が行われた。次いで一九五三年に「過渡期の総路線[2]」が打ち出され、当初の新民主主義国家から社会主義へ、一〇年ないし一五年、またはもっと長い時間をかけて移行する方針が決められた。一九五四年九月に第一期全国人民代表大会で採択された新中国の最初の憲法では、生産手段の所有形態については、四つの形態が定められた。すなわち全人民的所有、勤労大衆による集団的所有、個人経営の勤労者による所有、資本家的所有である。しかし、一九五三年から農業、手工業に対して社会主義的集団化が行われ、個人所有と資本家的所有、いわゆる私的所有の資本主義工商業に対して平和的な社会主義的改造[3]が急進的に行われた。一九五六年に入ると、私的所有の工商業はほとんど社会主義化されたため、それ以後、生産手段の所有形態は、全人民所有制企業[4]と集団所有制企業[5]のみとなった。

一方、経済運営の面では、新中国成立直後から、ソ連の影響を強く受けた。ソ連からの技術援助とともに、経済基本理論をはじめ、計画経済の運営方法、行政管理機構等の集権的な計画経済体制が取り入れられた[6]。

一九五六年以後は、市場なるものが全く存在しなくなったわけではないが、基本的にはその発展は制限され、商品経済および市場経済が否定された[7]。このような集権的な計画経済体制のもとで、国家と全人民所有制企業は、財政面においては「統一収入・統一支出」[8]という関係にあった。政府は、組織的に社会・経済の管理職能を果たし、また全人民所有財産の管理職能をも果たしていた。これがいわゆる「政資合一」である。しかも、複数の行政部門が指令的計画等を通じて[9]、新規設備投資、原材料の調達、人員管理、製品販売などの企業経営管理に直接に当たっていた。これがいわゆる「政企合一」である。

このような経済運営がなされた結果、全人民所有制企業は、生産経営について独自に意思決定をなすことができなかった。企業としての独自の利益も認められなかった。市場経済体制においては企業は自ら「事業を企てる」主体である。しかし、全人民所有制企業は、自ら「事業を企てる」ことができない。したがって、それはそもそも企業とは言い難く、ただ行政部門の「附属物」にすぎない。小宮隆太郎によれば、中国の国営工廠(中国では長い間、国営企業と呼ばれていた)は、定型化した生産活動を反覆的に繰り返すことに携わるのみであり、その生産量を拡大することにのみ主眼をおいている組織体であるから、「企業」ではない[10]。

第二節　市場経済化にともなう企業制度改革の試み

前述のようなソ連型の集権的計画経済体制は、旧社会主義諸国においてそれが実践された結果、経済運営の非効率性が顕著となった。企業の所有者の一員であるはずの勤労者は、結局生産手段から疎外され、事実上賃金労働者の立場に置かれてしまった[11]。この経済体制のもとでは商品の存在は認められないこととなっているが、実際には資源配分について行政部門による需給の事前的一致を図ることは困難であるところから、一定程度の商品経済を承認せざるを得なくなった。そこで、東欧諸国では、いち早く社会主義経済の集権制克服の道が模索され、経済改革が行われた。各国は、所有形態を多様化したり、価格、税、利子率および為替レートなどのレギュレーターを取り入れることによって市場経済化を指向する傾向が次第に強まってきた。五〇年代後半に経済改革の「第一の波[12]」が始まり、六〇年代半ばには「第二の波[13]」、そして八〇年代初頭には「第三の波[14]」が始まった。

一九七八年に始まる中国の経済体制改革は、この「第三の波」に影響を及ぼすと同時に、それからの波及効果をも受けている。

中国では、一九七八年以来、経済体制改革が漸進的に行われてきた。政治の面では、社会主義の政治理念と現存の政治体制が維持されており、社会主義の方向が目指され続けている。経済の面では、資源配分につき中央政府による調整を機能させ続けながらも、市場経済に適した生産方式や経営方式が積極的に取り入れられてきた[15]。

中国の経済体制は、一九七八年末以降、集権的な計画経済から「計画的商品経済」などを経て、「社会主義市場経済[16]」を目指すものへと転換してきた。この転換によって、従来無視されていた市場、とくに土地、労働、資本という生産要素の市場が相次いで作られた[17]。経済運営における資源配分の方式が、それまでの指令的な計画によるものから主として市場の需給関係によるものへ転換されてきた。経済体制改革における市場経済化の動きは、中国の価格体系の形成メカニズムの改革過程によってよく表されている。

中国の集権的な計画経済体制のもとでは、価格体系の形成は需給関係によるものではなく、ほとんど行政指令に基づいて行われていた。たとえば一九七九年改革・開放が実施した時点においては、小売商品については、政府が商品の価格を決定する割合が九五％を占めていた。[18]新中国成立以来、政府の工業化、とりわけ重化学工業化を優先して発展させるという政策のもとで、土地の無償使用や資金の低価格が長期にわたって続けられていた。また、農産物や素材工業製品の価格は極めて安い。家賃、医療費および公共料金も安い。

一九七九年以後、中国の価格改革[19]は、主として価格比の調整（一九七九年から一九八四年まで）、価格の自由化と公共料金の調整（一九八四年から一九八八年まで）、「二重価格体系」[20]の形成、価格の自由化による物価上昇および金融引き締めの発動によるインフレ抑制などの段階を経て、一九九五年に入ると、価格管理方式につき従来の政府が価格を決定するという体系から、政府が決定する国家指令性価格、国家指導性価格および市場の需給関係による市場調整価格へと多様化された。しかも、中国の価格改革は、国家指令性価格の割合が下がり、国家指導性価格および市場調節価格の割合が上がってきたという動きに特徴づけられている。たとえば、一九九五年末の小売商品では、国家指令性価格の割合が八・八％、国家指導性価格のそれが二・四％を占めたのに対して、市場調節価格の割合が八八・八％を占めていた。一九九五年末の生産財では、国家指令性価格の割合が一五・六％、国家指導性価格のそれが六・五％、市場調節価格のそれが七七・九％を占めていた。[21]

一方、生産手段の所有形態の調整についても、漸進的に進められてきたことが中国の経済体制改革の特徴となっている。一九七八年に経済体制改革が開始されて以降も、公有制原則[22]は、社会主義経済理念から生まれた特徴の一つとして、長らくの間基本的には堅持されてきた。しかし中国の経済体制改革は、次第に社会主義市場経済体制を目指すものへと転換されてきた。この転換にともなって、公有制原則は今もなお理念として放棄されていないものの、その概念および内容は大きく変容してきた。中国の所有構造は、数回にわたる憲法改正を通じて次第に調整されてきた。すなわち、従来の全人民所有制と集団所有制が圧倒的に多く占めるという単純な所有構造から、公有制経済以外に非公有制経済を含む多様な所有構造へ変化してきた。しかも、公的所有の割合は下がり続け、経済体制における非公有制経済の重要さが増してきた[23]。

経済体制における非公有制経済の位置づけの変化を見よう。一九八二年一二月の第五期全国人民代表大会第五回会議で、憲法改正が行われた。この改正憲法は、国の経済制度について「生産手段の社会主義的公有制、すなわち全人民所有制および勤労大衆による集団所有制」（六条一項）を採用し、「国営経済は社会主義的全人民所有制経済であり、国民経済の主導的力である」（七条一項）と規定した。また「個人経営経済は社会主義的公有制経済の補完物である」（二一条）と定めた。

その後、中国の経済体制が社会主義市場経済体制へとさらに転換されるのにともない、数回の共産党大会の方針決定およびそれに基づいた憲法改正によって、非公有制経済の位置づけは次第に高められてきた。一九九七年九月に開かれた共産党第一五大会では、「公有制を主とし、多様な所有制経済がともに発展することは、現段階における基本的経済制度である」と指摘され、個人および私営経済、外資系経済などの非公有制経済は、社会主義市場経済の重要な部分であると強調された。このように、非公有制経済は、従来の公有制経済の「補完物」という立場から、社会主義市場経済の「重要な部分」に変わった。これは、社会主義市場経済における非公有制経済が重要さを増したことを意味する。[24] 一九九九年三月の第九期全国人民代表大会第二回会議においては、前述の方針を踏襲しつつ、憲法改正が行われた。この憲法改正により、私営経済等非公有制経済は、憲法上においても、従来の社会主義公有制経済の「補完物」ではなくて、社会主義市場経済における「重要な部分」であると位置づけられることになった（一一条）。

中国の企業制度改革は、一九七八年以来、全人民所有の財産に対して国家が所有権を有し企業が経営権を有する、いわゆる「両権分離」に基づいて、企業の経営自主権を拡大することから開始された。企業制度改革は、それが開始されてしばらくの間は、制度的枠組みとして全人民所有形態を維持しつつ、全人民所有制企業を独自に経営できる主体に育成するために、企業の経営権を拡大することに焦点が置かれていた。この種の改革は、賃借経営責任制、[25] 経営請負責任制[26] 等を通じて行われてきた。一九九三年以後は、経済体制が市場経済へ移行するにともなって、国有資産の商品化、資産経営による資産価値の保持・増殖、全人民所有制企業の集団化などの要請が求められるなかで、企業制度改革は、国有資産授権経営を目指すものとなり、法的に企業の法人財産権を承認する方向へと進んできた。

中国の企業制度改革のもう一つの方向を示したのは、全人民所有という制度的枠組みそのものを変える改革である。これは、全人民所有制企業などを株式制企業に改組させようとする、いわゆる株式制企業試行である。株式制企業試行は、一九八四年に行われ始めた頃には、「両権分離」に基づいて行われる改革措置の一種と位置づけられた。その後、前述のような経済市場化および所有形態の調整にともなって、企業制度改革における株式制企業試行の重要性が増してきた。一九九三年に「現代企業制度」[27]の確立が打ち出された後は、株式制企業試行は、ようやく企業制度改革の方向を示すものとなった。

第三節　本書の構成

筆者は、先に中国の国有企業制度改革を国有資産授権経営という側面から考察した[28]。本書においては、国有企業の株式会社化という側面から中国の国有企業制度改革を考察する。

本書は、主として一九七八年改革開放が開始された後の株式会社制度の導入および株式会社制度の運営の実情に焦点を当てる。現在、公有制原則のもとに国有企業制度改革の一措置として株式制企業試行が行われていることに鑑み、とりわけ国有企業の株式会社への改組に焦点を当てるものとし、株式会社の機関運営についても主として改組された株式会社のうち国が主要株主である株式会社を対象に考察する。本書では、まず、株式会社制度の導入に関し株式制企業試行の展開とこれまでの法整備の状況を概観する（第一章ないし第二章）。その後に、国有企業の株式会社への改組手順、企業再編の内容および株式市場の構成を考察する（第三章ないし第五章）。

ところで、周知のように、株式会社制度は、本来、財産の私的所有制度を前提にしている。株式会社形態は大量の資本を集め、投資リスクを分散させるために現れた企業形態である。株式会社制度は、一面では、近代組織として近代的な民主政治体制を基礎付けてきたという側面を有しているが[29]、他面において、制度の効率的な運営がなされるためには、政治組織によって構築され運用される法律制度の保障に負うところが大きい。

中国では、市場経済化の進展にともなって取り入れられた株式会社制度には、国有企業制度改革の重要な一措置として、企業の財産所有制度をはじめ、企業内部における諸関係の再構築が期待されている。それによって、国家は従来の全人民所有制企業の財産に対する唯一の所有者から、株式会社における単なる株主の一人に変わる。法人財産所有制度が確立されることによって、会社ははじめて真に独自に経営できる経済主体になることができる。しかし、現実には、中国の株式制企業試行は、財産所有制度、国有資産管理、株主の権利行使といった面において公有制原則および人事管理制度など、政治的な要素から多くの影響を受けている。

このような環境のなかで、株式会社制度の導入は、果たして国有企業を独自に経営できる経済主体に育成することができるか。企業の財産所有制度や政治的な要素は、企業の自主性の確立、企業内部における諸関係の再構築に対してどのような影響を及ぼし、どのような問題を残しているか。中国の経済体制が競争原理を取り入れて市場経済へ移行中であり、将来的には、株式会社制度を一層取り入れるべきであるという視点に立った場合には、現在の中国の企業制度改革にはどのような課題が残されているか。

第三節　本書の構成

本書の後半においては、このような問題に関心を持ちながら、株式会社制度が導入された後の運営状況を考察する。その際には、まず、株式会社制度の効率運営の基礎条件を考えながら、株式会社の機関運営に焦点を当て、株式制企業試行に生じた問題を取り上げる(第六章)。その後、企業の財産所有制度に焦点をあてつつ、制度改革の経緯に触れ、制度改革について残された問題を検討し、中国の企業財産制度改革の本質を考察する（第七章ないし第八章）。最後にやや広い視点から、中国の企業制度改革の今後の課題を取り上げ、企業制度改革に対して一定の評価を試みたい（第九章）。

（1）　この経済体制は、マルクスが構想した社会主義経済体制の枠組みに基づいて一九一七年ロシア革命後のソ連において実践されて形成されたものである。マルクスが構想した社会主義経済体制は生産手段の社会所有、事前の計画による資源配分および能力に応じて労働とそれに応じた分配によって特徴付けられている。この経済体制はまた商品の属性を否定した上での「等価交換」および需給の事前的一致を前提にしている（青木国彦『体制転換——ドイツ統一とマルクス社会主義の破綻』（有斐閣、一九九二年）三一八頁）。

（2）「過渡期の総路線」は、一九五三年に毛沢東によって提起されたものである。一九四九年に共産党が革命の勝利を上げて、中国が新民主主義国家になった。当初は、新民主主義段階が相当に長いと予想されていたが、この路線が提起された後は、新民主主義から社会主義への即時移行が決まった（詳細は、毛里和子『現代中国政治』（名古屋大学出版会、一九九三年）三〇頁以下）。

（3）　これについては、一九五三年当初は「利用・制限・改造」という政策が実施され、国家資本主義、とくに公私合営と呼ばれた公（政府）私（資産家）合同経営という方式を用いることが決定された。すなわち、政府は、企業における資産家の持分を買収し、それによって民族資本の企業を公私合営企業に転換し、企業ごとに確定され持分金額の年間五％という固定率で少しずつその買収金を支払うという方式がとられた（中共上海市委員会統戦部＝共産党歴史研究室ほか編『中国資本主義工商業の社会主義改造』（上海巻・上）（『中国資本主義工商業社会主義改造』（中共党史出版社、一九九三年）二〇頁）。

（4）　中国では、全人民所有制企業は、憲法上社会主義公有制の一部分として表現されていた。全人民所有制企業とは全人民所有の財産により設立された企業である。人々の間では、全人民所有制という所有形態にちなんで「全民企業」とも言い慣わされていた。憲法上、「国営経済は全人民所有制経済である」と定められ、政府が全人民所有制企業の経営管理に直接に当たっていたため、「国営企業」とも呼ばれた。一九九三年に憲法改正が行われ、従来の「国営経済は全人民所有制経済である」という文言が「国有経済は全人民所有制経済である」という内容に改正された後、「国有企業」と呼ばれるようになった。

（5）　集団所有制企業は、本来中国の社会主義経済の一部をなすものであり、勤労大衆の出資によって設立された企業である。その企業形態には、都市部の企業と農村地域の郷鎮企業が含まれている。一九八二年人民公社の解体にともなって農村地域において郷鎮企業が誕生するまでは、集団所有制企業は、主として都市部の企業のみをいい、人々の間では「集体企業」と言い慣わされていた。事業の内容については、集団所有制企業は、主として地域住民の生活に密着した商業や全人民所有制企業から依頼された部品の加工などを営んでいた（黄卓著ほか「上海都市集団所有制工業企業における所有権と経営自主権に関する調査」（「関于上海城市集体工業企業所有権和経営自主権問題的調査」）法学研究三号（一九八〇）四二頁）。

（6）　中国では、この経済体制の特徴は、改革開放政策が実施されるまでの中国の計画管理制度や国有企業管理制度によってよく表されていた。計画管理体制のもとでは、計画の編成や実施などは「統一計画・分級管理」という原則のもとに中央および地方政府の計画管理部門や企業の行政主管部門を通じて、行われていた。一方、国有企業管理制度では、全人民所有制企業が中央部・局、または地方政府のいずれかの行政主管部門の管轄に置かれることが特徴となっている（詳細は、拙稿「中国の企業制度改革に関する一考察――国有資産の授権経営および国有企業の集団化における持株会社の動向（一）」名法一六六号（一九九六）一九六頁以下、草野文男『中国社会主義経済』（早稲田大学出版部、一九七六年）一六四頁、古澤賢治『中国経済の歴史的展開――原蓄路線から改革・開放路線へ』（ミネルヴァ書房、一九九三年）九三頁）。

（7）　劉国光「社会主義市場経済理論の若干問題に関して」（「関于社会主義市場経済理論的幾個問題」）経済研究一〇

号（一九九二）九頁。
(8)　この制度によれば、企業は上げた利益や設備の原価償却費等を国の財政部門に上納し、国は財政収入として企業から上納されたものを統一的に使用する。他方、企業が国の指令的計画を遂行するために設備新規投資、固定資産の追加投資や運転資金が必要になった場合には、その資金は国の財政部から支給され、企業は無償でそれを使用する。企業が損した場合の損失はすべて国が負担することになる。
(9)　指令的計画とは、国が全人民所有制企業に強制的に下ろした計画である。指令的計画においては、国が全般的な生産計画を定め、それに基づいて一定の生産物の生産高、生産額から生産コスト等に至る詳細な項目を指令性指標として全人民所有制企業に割り当て、その達成を義務づけている。
(10)　小宮隆太郎『現代中国経済』（東京大学出版会、一九九一年）七七頁。
(11)　西村可明『社会主義から資本主義へ――ソ連・東欧における市場化政策の展開』（日本評論社、一九九五年）七頁。
(12)　この時期の経済改革として、一九五六年に起こったハンガリー事件により示された重工業優先政策に対する国民の反発を背景としつつ、消費重視政策と効率的経済管理方式が模索されたが、集権的な計画経済の根幹に触れていない（西村可明・前掲注（11）一〇頁）。
(13)　「第二の波」の経済改革は旧ソ連のコスイギン改革とハンガリー経済改革を主な内容としている。コスイギン改革は、企業へ下ろされる行政指令の大幅削減や企業活動の評価指標としての利潤・販売高の導入などを内容としている。一方、ハンガリー経済改革は、協同組合や小規模私的経営を含む所有形態の多様化、市場における企業の利潤最大化行動の提唱、中央計画機関による独立の計画編成、計画実現に向けての価格、税などのレギュレーターの操作による企業誘導を内容としている（西村可明・前掲注(11)一一頁）。
(14)　「第三の波」の経済改革は、八〇年代初頭に始まった。とくに八〇年代後半に入ると、ハンガリーでは西側同様の市場経済に大胆に接近する画期的な改革が開始された。それが契機となって、他の東欧諸国では集権的な計画経済の枠内での改良に終止したが、一九八九年後半に共産党政権が崩壊した結果、市場経済を目指し、根本的な経済体制の転換に取り組むことになった。またロシアをはじめとするソ連の構成国の場合、一九九一年末のソ連崩壊を契機として、東欧諸国に続いて経済体制の転換に取り組むことになった（西村可明・前掲注(11)一四頁）。

(15)　董補礽「東ドイツ国有企業改革からの思考」（「従原東徳国有企業改革引起的思考」）上海証券報一九九七年三月一日。

(16)　一九七八年以後、中国の経済体制は、各時期における共産党の決議によって特徴付けられ、従来の計画経済から次第に需給関係を重視する市場経済へ進んできた。一九八二年九月の共産党第一二大会では、「計画経済を主とし、市場調節を補助とする」方針が提起され、一九八四年一〇月の共産党第一二期三中全会では、「社会主義計画的商品経済」を目指す方針が打ち出された。さらに一九九二年に、鄧小平は、武昌、深圳、珠海、上海などを視察した際に、中国の対外開放や経済体制改革について発言した。とりわけ鄧小平は、計画と市場との関係に関して計画と市場のいずれも経済手段であり、社会主義と資本主義の本質を区別するものではないと発言した。それを受けて、同年一〇月の共産党第一四大会では「社会主義市場経済」が提起された。さらに翌年一一月の共産党第一四期三中全会では、「社会主義市場経済体制」の樹立が提起された（鄧小平「武昌、深圳、珠海、上海などの談話要点」北京週報六〜七号（一九九四）一一頁）。

なお、「市場経済」が「計画的商品経済」に取って代わったことは、商品経済の発展の促進を強調したうえで、市場の需給関係による資源配分を主とする資源配分方式が、これまでの指令的計画による資源配分を主とする資源配分方式に取って代わることを意味している。それこそが、資源配分方式における現在中国の経済体制改革の本質である。劉国光・前掲注(7)四頁。

(17)　一九八四年一〇月の共産党第一二期三中全会で採択された「都市経済体制改革に関する決定」は、「商品経済」という用語を用い、中国の商品経済はまだ未発達であり、それを大いに発展させなければならないと指摘しながらも、「我が国の社会主義条件のもとでは、労働力は商品ではなく、土地、鉱山、銀行、鉄道など、国有の企業や資源もまたすべて商品ではない」と強調している。中国では、土地、労働、資本などの生産要素の市場が形成されたのは改革開放政策が実施され始めてから時間がだいぶ経過した後であった。

(18)「我が国の経済体制に生じた四つの変化」(「我国経済体制的四個変化」)人民日報(海外版)一九九四年九月三〇日。

(19) 中国の価格改革については、石原享一「中国価格改革の新段階」アジア経済XXXVII—七・八(一九九六)九頁、呉敬璉〔凌光星ほか訳〕『中国の市場経済——社会主義理論の再建』(サイマル出版会、一九九五年)二八一頁以下。

(20) 同種類の製品につき計画内部分の行政決定価格と、計画外部分の市場決定価格が存在するという価格体系である。

(21)『中国物価』(中国物価出版社、一九九六年)、中国研究所『中国年鑑』(大修館書店、一九九七年)一五七頁。

(22) 公有制原則とは、全人民所有制と集団所有制、すなわち、いわゆる公有制経済が、国民経済のなかで主導的地位を占めることを意味するものである。この原則は中国の社会主義経済を性格付けた要素の一つである。一九八二年の憲法によれば、公有制経済は全人民所有制と集団所有制のみを指していた。しかし、この原則の内容は、市場経済化が進むにともなって、数回の共産党大会の方針転換により国民経済における国有経済の「主導的地位」をめぐって次第に変化した。たとえば、一九九三年一一月の共産党第一四期三中全会の「決定」においては、それは、主として公有制経済の保有する資産が社会総資産のなかで優位を占め、国有経済が国民経済の命脈を握っていることと経済発展における「主導的役割」などの面に現れると定義された(北京週報四七号(一九九三)六頁)。
　一九九七年九月の共産党第一五大会では、「公有制経済は国有経済と集団所有制経済のみならず、混合所有制形態における国家所有および集団所有の持分も含む」と解釈され、国有経済の「支配力」(原語：控制力)の概念が打ち出された。江沢民「鄧小平理論の偉大な旗印を高く掲げて中国の特色をもつ社会主義を建設する事業を全面的に二十一世紀に推し進めよう」北京週報四〇号(一九九七)別冊付録文献(四)一八頁。

さらに、一九九九年九月の共産党第一五期四中全会の「決定」は、国有経済の「主導的地位」は、企業の所有形態にこだわらず、国有独資や国有の持株企業および株式参加などを通じて実現すると強調している（北京週報四二号（一九九九）二一頁）。

（23）企業形態別に工業生産高の割合を見れば、一九八〇年においては、国有企業が七六・〇％、集団所有制企業が二三・五％を占めていたのに対して、個人・外資系企業は僅か〇・五％の割合にすぎなかった。それが、一九九〇年には、国有企業は五四・六％、集団所有制企業は三五・六％、外資系等のその他の企業は九・八％を占めていた。さらに一九九六年末になると、それが、国有企業は二八・八％、集団所有制企業は四〇・四％、外資系等のその他の企業は三〇・八％を占めるようになった（国家統計局『中国統計摘要（一九九七）』（中国統計出版社、一九九七年）九四頁）。

（24）張卓元「『第一五大会』報告の社会主義経済理論に対する重要貢献」（「『一五大』報告対社会主義経済理論的重要貢献」）経済研究一〇号（一九九七）七頁。

（25）一九八八年五月に公布された「全人民所有制小型工業企業賃借経営暫定施行条例」（「全民所有制小型工業企業租賃経営暫行条例」）によれば、賃借経営は、国が授権する行政部門である賃貸人は、期間を定めて企業経営の権限を賃借人に引き渡し、賃借人は賃貸人に賃借料を支払い、契約の規定に従って企業の自主経営を実行するという経営方式である（三条）。これは主として小型の全人民所有制企業に適用された改革措置である。

（26）経営請負責任制は、「両権分離」に基づいて、企業の経営者が国に対して利潤上納などについて請負うという改革措置であり、主として大型および中型の全人民所有制企業で実施された経営形態である。一九八八年二月に公布された「全人民所有制工業企業経営請負責任制暫定施行条例」（「全民所有制工業企業承包経営責任制暫行条例」）によれば、経営請負責任制の主な内容は、請負人が国に対して利潤の上納ベースを請け負い、設備追加投資の任務達成を請け負い、賃金総額と経済効率および利益を連動させる点にある（八条）。

（27）一九九三年一一月の共産党第一四期三中全会では「社会主義市場経済体制」の樹立が提起され、「現代企業制度」

の確立が企業制度改革の目標として打ち出された。「現代企業制度」は、以下のようなことによって特徴付けられている。企業の財産権がはっきりしており、企業の国有資産の所有権は国に属し、企業は法人財産権を有し、民事権利を有し、民事責任を負う。企業の権利と責任が明確で、企業は、法律により自主経営、損益自己負担を行い、法律により納税し、出資者に対して資産価値の保持と増大の責任を負う。企業は市場のニーズに基づいて生産経営を組織し、政府は企業の生産活動に直接に介入しない。また企業は科学的な企業管理制度を確立し、所有者、経営者、従業員間の関係を調整し、奨励と制約を結び付けた経営メカニズムを形成する。その内容を見る限り、「現代企業制度」は、企業に法人財産権を賦与し、有限責任制度を導入するところから、株式会社制度の導入を内容としている。「社会主義市場経済体制を確立するうえでの若干の問題についての中国共産党中央委員会の決定」北京週報四七号（一九九三）別冊付録文献（五）四頁。

(28)　中国の企業制度改革における国有資産授権経営の詳細は、拙稿「中国の企業制度改革に関する一考察——国有資産の授権経営および国有企業の集団化における持株会社の動向（一）～(三)」名法一六六号（一九九六）一九一頁、一六八号（一九九七）一五一頁、一六九号（一九九七）二四三頁参照。

(29)　アメリカ新大陸におけるイギリス植民地の建設は、国王から特許状を得て営利会社を設立することによって始められた。また各植民地では、会社組織から影響を受けて、自治組織が設置され、代議制議会が招集されるようになった。後に、マサチューセッツ湾会社における特許状の憲法への転化を経て、コネティカットのタウンの人々が起草したコネティカット基本法は、近代民主主義の最初の成文憲法に転化されてきた。詳細は、浜田道代「会社制度と近代的憲法体制の交錯——黎明期のアメリカにおけるその歴史的展開」青竹＝浜田＝黒沼編『現代企業と法』（名古屋大学出版会、一九九一年）二二七頁以下。

第一章　株式制企業試行の導入と展開

中国では、株式制企業試行は、農村の共同出資による企業の設立から始まり、次いで都市部の集団所有制企業と全人民所有制企業が企業の資金調達の要請に応えるためにこれを導入するようになった。株式制企業試行は、当初は地方レベルで、しかも一部の地域に限って行われていたが、後に経済体制改革が進むにつれ、全国規模に広げられてきた。中国における本格的な会社制度の導入は、中外合弁経営企業が出発点であった。企業制度改革の展開にともない出資者の有限責任制や法人財産権といった会社制度の特徴が次第に認識されるようになった。一九九三年に「社会主義市場経済体制」の樹立が打ち出された後、株式制企業試行は企業制度改革の方向を示すものとなった。本章では、このような株式制企業試行の導入と展開の過程を考察する。

第一節　株式制企業試行の始まり

一　農村株式合作制企業

複数の投資者により出資されるという企業形態として捉えた場合、株式制企業試行は、一九七九年改革開放が実施された後に、農村株式合作制企業が登場したことから始まったといえよう。中国の経済体制改革は農村から始まった。一九七八年当時においては、農村の人民公社体制のもとで、全体としては農民の共同生産体制が維持されていたものの、農戸ごとに行われた経営請負責任制が実施され始めた。これによって、農民が土地に縛られてきた状況に終止符が打たれた。他方、農戸経営請負責任制の実施にともなって、農村の商品経済が大いなる発展を遂げた。これにともなって、企業を興すことが求められるようになった。そこで、農民は「以資帯労、以労帯資」という方式を用いて企業を設立することを考え出した[1]。すなわち農民は資金、実物および労務を持分として出資して企業を設立するとともに、企業の従業員として働く。

一九七九年三月に国務院が「社隊企業発展の若干問題に関する規定」を公布した。この規定は、農民が互いに資金や労務を出資して企業を設立する、いわゆる株式制方式を評価した。一九八二年以後、全国各地に農民株式合作制の萌芽が見られるようになるが、その主要部分は、農村における単純な共同出資企業としての株式合作制企業が占めていた。一九八三年に共産党中央委員会が発布した「当面における農村経済政策に関する若干の問題」によれば、農村の株式合作制企業は、共同出資者はともに働かなければならない。そこでは、「労働に応じた分配」という原則が貫かれていたため、働かずに出資のみによる利益分配を受けることは許されなかった。(2)

農村の株式合作企業は、複数の出資者による資金調達という点においては、株式会社や有限責任会社といった会社制度と共通した点を見せている。しかし、株式合作企業は、企業の法人財産権を有するものではなく、この点では先進国に見られる組合に似ている。また、株式合作企業は、中国の合作経済の一部に位置づけられ、農村の集団所有制企業の範疇に含まれた企業形態である。(3)これは一九七九年に始まる中国の企業制度改革において一つの段階を示すものであったが、会社制度の導入の出発点であったと位置づけることはできない。

二　中外合弁経営企業とその影響

中国では、外国の直接投資を誘致するために、改革開放政策の実施とともに、外資系企業のための法整備が重要な課題となってきた。そこで、一九七九年七月に、国の立法機関が諸外国の会社制度を参考にして「中外合弁経営企業法」(「中外合資経営企業法」)(4)を公布した。後には、「外資企業法」(「外資企業法」)(一九八六年四月)、「中外合作経営企業法」(「中外合作経営企業法」)(一九八八年四月)が制定され、これらの法律の実施条例が相次いで制定された。

中外合弁経営企業は、外国の会社、企業および個人と中国の企業、経済組織と共同出資により設立された企業である（一条）。企業の責任態様を見れば、中外合弁経営企業は有限責任会社（以下有限会社という）である（四条一項）。合弁経営企業に見られた、共同出資および有限責任という二つの特徴は、中国の所有制形態別の企業制度から見れば、従来のものとは全く異質である。それゆえに、合弁経営企業の設立が容認されたことは、企業の所有形態の制度的枠組みにふれた改革の始まりであり、中国において初めて会社制度の導入に踏み切ったものとして、当時においては画期的であった。

「中外合弁経営企業法」などの法律は、会社法という名を用いなかったが、有限会社に関する実質的な規定を多く設けていた。外国投資に対する奨励措置のほか、設立手順、企業組織、機関運営、財務会計、解散といった内容を備えており、いわば優遇措置を定める投資奨励法と会社法の二重の性格を持っていた。したがって、これらの法律こそが新中国の会社法整備の出発点であったともいえる。

中外合弁経営企業の企業形態は、一九八〇年代の当初の段階で、連合経営企業[5]と株式合作会社に直ちに影響を及ぼすようになった。八〇年代の初めに、企業間で経済連合という動きが現れた。一九八〇年七月一日に「経済連合の促進に関する暫定規定」（「関于推動経済聯合的暫行規定」）が公布された後は、連合経営企業が急速に発展してきたのであった[6]。これらの連合経営企業では、中外合弁経営企業の企業形態から示唆を受けた結果、責任態様についてはほとんど有限会社の形式をとった。管理機構の設置についても、董事会指導のもとでの総経理責任制をとった[7]。

他方、一部の農村の株式合作制企業もまた、中外合弁経営企業から示唆を受けて、株式合作会社に組織変更するようになった。株式合作会社は、一定の地域社会の集団所有財産をもってそれを均等額の株式に換算し、集団構成員にその株式を割り当てるほか、集団構成員以外の一般大衆を対象に株式を募集して設立した会社である。[8] 一九八三年に七月に、深圳市宝安県政府、郷および個人の出資により深圳市宝安聯合投資総公司が設立された。これは中国国内における株式合作会社の第一号であると見られている。宝安聯合投資総公司は合わせて資本金を一三〇〇万元調達した。そのうち、政府の持分は二〇〇万元で、株式総金額の一五・四%を占めており、法人の持分は一六〇万元で、株式総金額の一二・三%を占めており、一般投資者の持分は九四〇万元で、株式総金額の七二・三%を占めている。[9] ほかに、深圳銀湖観光センター（公司）や深圳万豊村の村企業がこの企業形態をとった。[10]

第二節　株式制企業試行の本格化

一九八四年四月に、国家経済体制改革委員会は常州で都市経済体制改革試行に関する座談会を開き、都市集団所有制企業および小型の全人民所有制企業を活性化する方法として株式制企業試行を認める方針を打ち出した。[11] 同年一〇月に共産党第一二期三中全会が開かれ、経済体制改革の重点が農村から都市へ移されることになった。それにともなって、株式制企業試行は、北京、上海、広東省、深圳などの都市部に広げられるようになった。株式制企業試行は、多様な経営方式の一つとして企業制度改革の側面を持っているが、当時においては、企業の単なる資金調達の手段である点に重点が置かれていた。

一　資金調達の要請

序章で述べたように、集権的な計画経済体制のもとでは、企業と国との関係は「統一収入・統一支出」という関係にあった。改革開放が行われて以来、財政面における企業と国との関係が見直されてきた。一九八〇年には、企業の固定資産の追加投資に必要な資金が銀行の貸付によって賄われるようになり、続いて一九八三年から企業の運転資金のすべてが銀行の貸付によって賄われることになった。(12)それに加えて、利潤留保制度などによって企業の独自利益に関わる権限が拡大され、企業が自己資金を有するようになった。これら一連の措置が講じられた結果、企業の資金調達のあり方が大きく変化してきた。八〇年代の初め頃には、全人民所有制企業の資金調達には主として①国の財政支出、②銀行による貸付、③利潤留保で残された自己資金という三つのルートが存在していた。(13)

しかし、一九八〇年代以降、政府の財政収支は大幅な赤字を続けた。一九八〇年から一九八三年までの各年度の財政赤字の金額はそれぞれ一二七・五億元、二五・五億元、二九・三億元および四三・五億元であった。(14)そのため、財政面から企業の設備投資拡大を支えることが不可能となり、企業の固定資産投資に占める財政資金（予算内投資と呼ばれる）の割合が大幅に低下した。一方、企業が銀行の貸付に依存する場合には、企業の経営は中央銀行の金融政策の変動による影響を受けやすいため、安定した資金調達を確保することができない。このように、改革開放が行われて以来、従来の資金調達の方法では、企業の発展にともなってますます増加してきた企業の資金調達の需要に応じられなくなった。

他方、国民が高額の貯蓄を持つようになってきた。統計によると、一九七八年末の国民の貯蓄額の残高は二一〇・六億元で、一九八三年末になると、その残高はすでに八九二・五億元にのぼっている。(15) 当時においては、国民の貯蓄はほとんど銀行預金と手元に保管された現金となっていた。国民個人のお金の使途は、日常生活のための商品購入支出が大部分で、国債や社債などの購入支出はほとんどなかった。都市住民家庭収支に関する抜き取り調査によると、一九八一年から一九八三年までの間に、生活費支出額に占める食品、衣類など日常の商品購入支出の割合は、いずれも九一ないし九二％となっており、家賃、光熱費、交通費などの非商品支出は僅か七ないし八％となっている。(16) したがって、当時にあっては、国民の保有する資金をいかに生産資金に転換し、その資源をいかに合理的、かつ有効に使用するかが課題となっていた。

このような状況のなかで、企業が株式会社に改組されれば、企業は株式を発行することによって資金を調達しうることが注目されるようになった。中国では、一九八四年以後、株式の発行は新たな資金調達の手段として多くの企業に用いられるようになった。多くの企業が株式会社に改組されたが、その際には、企業の集団所有または国家所有の資本が株式に換算されるものとして、あるいは企業の従業員個人を対象に従業員株が発行された。したがって、この時期の試行は、主として企業内部株式制の試行段階と位置づけられうる。(17) たとえば一九八四年に七月に、北京の天橋百貨公司が、商業部門の従業員を対象に、額面が一〇〇元で定期三年の株式を三万株発行し、同年九月には天橋百貨株式有限会社に組織変更した。(18)

ほぼ同時に株式の一般公募も行われた。一九八四年一一月には、上海電声総工場が発起人となって公募により額面五〇元の非償還株式を一万株発行し、上海飛楽音響株式会社を設立した。この会社は、当時においては、比較的規範化された手続に従って、しかも初めて公募方式により設立された。ほかに、上海市では、延中実業株式会社などの公募会社が七社、相次いで設立された。

当時においては、株式制企業の設立や全人民所有制企業ないし集団所有制企業の株式会社への改組に関する法整備に先だって、各地において株券の発行および譲渡に関する規定が相次いで作られた。一九八四年七月に、中国人民銀行上海市分行が「上海市株券発行暫定管理弁法」（「上海市股票発行暫行管理弁法」）を発布した。同年九月に、中国工商銀行上海市分行が、この「暫定管理弁法」に基づいて、「上海市株券発行代理業務暫定規定」（「上海市股票発行代理業務暫行規定」）を公布した。ほかに、福建省、廈門市、浙江省、広東省、北京市が、一九八六年から一九八七年にかけて企業株券・債券の管理に関する試行弁法を公布した。これらの規定は、株券の発行および譲渡についてのみ規定したものであったため、内容的に未熟な点が多く含まれていたが、中国の株式制企業試行の初期段階における、株券の発行および譲渡の特徴をよく現している。株式制企業試行および株式の発行については、主として次のような特徴が見られる。

① 株式の種類については、株式は主として集団株（原語：集体股）と個人株に分類される。たとえば「上海市株券発行暫定管理弁法」や「福建省企業株券債券管理試行弁法」（「福建省企業股票債券管理試行弁法」）（一九八六年八月）や「広東省株券債券管理暫定弁法」（「広東省股票債券管理暫行弁法」）（一九八六年一〇月）は、株式を集団株と個人株に分類している。「上海市株券発行暫定管理弁法」によれば、集団株は、上海市に限って、全人民所有制企業、集団所有制企業、郷鎮企業および農業生産隊[19]が発行して、企業が自己の留保資金をもって購入する株券である。個人株は、都市および鎮（農村地区の町に相当する地域）に所在する企業の従業員、地域

住民、農業生産隊の人員等が購入できる株券である（二項）。ほかに、株券への記名の有無により株式を分類する方法も用いられている。

②　債券型株式である。前述の「上海市株券発行暫定管理弁法」によれば、株式は償還期限の有無により分類される。償還期限が付いた株式は、期限を明記したうえ、一回または数回で満期時に元金が償還される（五項）。前述の天橋百貨株式有限会社の例からも分かるように、初期に組織変更された企業の株式は、払い戻しが可能な債券型株式がほとんどであった。もっとも一九八六年の広東省および北京市の前述の規定では、払い戻し可能な株式の発行は規制の対象とされることになった。

債券型株式には利子および利益配当を受ける権利が付されており、高い収益性が約束されていた。「上海市株券発行暫定管理弁法」によれば、株式の利子については、集団株は、企業が銀行に預け入れる場合の一年定期の利率で計算され、個人株は、一年定期の銀行預金の利率で計算される。一株当たりの年間の利益配当額は、株式の券面額の三ないし五％の程度に設定しうるが、株式の利子と利益配当額の総額には上限が設けられている。すなわち集団株は券面額の七・二％を超えてはならず、個人株は券面額の一五％を超えてはならない（三項）。「広東省株券債券管理暫定弁法」によれば、株式の利子と利益配当額の年間総額は券面額の一五％を超えてはならない。集団株と個人株の株式利益率（原語：股息率）は、銀行がそれぞれに定めた企業または個人の一年定期預金利率の二〇％を超えてはならない（一一条）。ここでは、集団株と個人株を平等に扱うという発想は見られない点が注目される。

③　株式発行の方式については、公募方式により株式を発行した公募会社は僅かであり、いわゆる縁故募

集方式が多く用いられた。会社を設立する際には、発起人が引き受けた以外の株式について、会社の従業員または他の企業法人を対象に株式を発行するのが普通であった。

二　株式制企業試行をめぐる議論

株式制企業試行は国の単独出資という企業の所有制度の枠組みにふれるものである。それだけに、都市部における株式制企業試行が始まって僅か二、三年経過した一九八五年頃、株式制企業試行が全人民所有制企業に広げられるようになるのにともなって、それをめぐる議論が活発になった。その議論は、主として株式制企業試行の目的や、株式制企業試行と全人民所有制企業制度改革の方向との関連性等をめぐって、展開されていた。議論の焦点は、株式会社制度が中国の「社会主義計画的商品経済」に適するか否か、株式会社制度が導入されると、中国の公的所有制度が脅かされるか否か、といったことにあった。[20]

株式制企業試行が中国の企業制度改革の方向性を示すと主張した見解には、従業員の労働意欲が引き出されることに着目した見解もあれば、株式会社制度における所有権と経営権との分離を強調して、企業経営方式が転換され、国と企業間の財産所有関係が明確化される点を評価したものもある。

前者は、次のように主張した。株式制企業試行を行う際に、従業員株を設けて、会社の従業員に会社の株式を割り当てれば、従業員は生産財と直接に結び付くことになる。これによって、従業員の出資者としての経済利益と企業の経済利益が一体になるため、従業員の所有者意識が強まり、労働意欲が引き出される。これは企業の生産性を向上させるのに資するであろう。[21]また後者は、株式制企業試行は中国の社会主義商品経済を発展させ、「政企分離」[22]を促進させるのに資し、法人財産権を承認して全人民所有制企業を経済主体に育成させるためにも役立ち、しかも企業の新たな資金調達の道を開いた、と主張した。[23]

これに対して、株式制企業試行に否定的な見解は、次のような理由を挙げている。①株式会社においては、国が支配的な持株比率を維持することにより会社の経営活動を支配する限り、それは、政府が行政命令を通じて企業経営に介入するのと全く同様である。このため、株式制企業試行は「政企分離」を促進させることはできず、企業が株式会社に変更された後も、政府が株主の立場で会社経営に介入することができる。この意味では、株式制企業試行はむしろ国家と企業との関係を一層緊密なものにさせてしまう。会社における国の持株比率が下がって会社に対する国の影響力が弱まると、企業の短期経営という現象が一層激しくなる恐れがある。②国が主要株主として会社の利益配当を決定し、会社の経営者人事を決定し、会社経営や財務などを監督管理するといった職能は、現在の全人民所有制を維持したままでも十分に果たせる。③株式会社における国家株の株主代表者は、実質的には全人民所有制企業の工場長とほとんど変わることがない。[24]

三　一九八〇年代の後半から一九九〇年代にかけての展開

前述のように、株式制企業試行をめぐる議論がなされたにもかかわらず、一九八六年以後、株式制企業試行は、共産党および政府の一連の方針や政策により決定され、進められてきた。一九八六年一二月に、国務院が「企業改革の深化、企業活性化の増強に関する決定」を通達した。これは、全人民所有制企業における「両権分離」を実現する一方法として、条件が整った大型および中型の全人民所有制企業において株式制企業試行を行うと規定している。このようにして株式制企業試行は、大型および中型の全人民所有制企業にまで広げられた[25]。

前述のように、一九八四年以後、株式制企業試行が都市の集団所有制企業と小型の全人民所有制企業に広げられるようになると、各地においては、企業は相次いで株式を発行して資金を調達した。当時においては、株式の発行規模や資金の利用に関しては政府の管理が対応しきれなかったため、企業は勝手に資金を調達した場合が多かった。それゆえに、株式や債券の発行による資金調達には少なからぬ混乱が生じた。そのうえに、一九八七年当時には、中国でインフレが起こったため、政府の投資抑制政策がとられるようになり、その影響を受けて地方政府主導により進められてきた株券・債券の発行が厳しく抑制され、中央政府のマクロ管理の下に置かれるようになった[26]。

一九八七年三月二八日に国務院が、企業の株式・債券の発行による資金調達を管理・監督するために、「株券・債券の管理強化に関する通達」(「関于加強股票債券管理的通知」)を出した。この「通達」は、資金調達、企業間の協業と経済連合の促進といった、株券・債券発行の役割を評価したうえで、株券・債券の発行に対する管理を強化することを強調した。株式の発行および株式制企業試行については、この「通達」は、次のように定めている。①株式の発行は、すでに認可された一部の集団所有制企業に限定され、全人民所有制企業による株式の公募は規制される(一項、二項)。②連合経営企業の発展を促進するために、企業間の連合経営に限って企業は株式方式を用いることができるが、株式を公募することはできない。また株式の上場は中国人民銀行の認可を得なければならない(三項)。

その後、一九八七年八月六日に、中国人民銀行は金融事業の主管部門として、前述の国務院の「通達」の方針に基づいて、株券・債券による資金調達に対する管理を強化するために、二一号および二二号の文書を出した。これらの文書は、株券および債券についてはは株券と債券の相違点を明確にさせたうえ、株券および債券の概念や様式を規範化した。また株券は元本を払い戻してはならず、債券は利益配当を行ってはならず、株券・債券の様式については中国人民銀行の審査を受けなければならない、と規定している（三項、四項）。

一九八七年一〇月に開かれた共産党第一三大会は、株式制企業の試行を評価したうえ、全人民所有制企業の資産再編の一方法として、株式制企業試行を引き続き行ってもよい、と指摘した。続いて、一九八八年九月に開かれた共産党第一三期三中全会は、株式制企業試行は、公有制の主体性を維持し私有化を推進することではなく、明確化されていない企業の財産所有権を明確にさせ、企業の経営方式を転換させ、企業行動の合理化を図ることがその目的である、と強調した。

一九八八年一一月に開かれた全国計画経済体制改革に関する会議では、株式制企業試行が、会議の議題として取り上げられ、「両権分離」を推進すべく、経営請負責任制とともに、積極的にそれを行うことが決定された。それ以後、国家経済体制改革委員会は、株式制企業試行に関する規則の制定や実施計画の作成等に着手した。当時、株式制企業試行は、行われ始めて僅か四、五年経ったとはいえ、順調な発展ぶりを見せた。全国の二〇の省および直轄市を対象にした統計によれば、一九八八年末現在では、株式会社または有限会社に変更された企業はすでに三、八〇〇社にのぼった。(27)

一九八九年から一九九一年にかけての時期は、「天安門事件」の影響で、株式制企業試行が他の経済体制

改革と同様に冷え込んでしまった。(28)

中国の経済体制改革は、一九九二年の鄧小平の「講話」を契機に新たな発展を迎えた。鄧小平が深圳や上海などを視察した時期に、共産党の機関誌である「人民日報」に、「対外開放と資本主義の利用」と題した文章が掲載された。そこでは、先進諸国から法律制度等を取り入れることについて、「資本をはじめ、技術、管理ノウハウを導入し、さらに客観的法則の真理を反映する資本主義諸国の経済政策と経済法(29)のうち、中国にとって参考になるものであれば、それを大胆に取り入れるべきである(30)」という主張が展開された。これは鄧小平の「講話」に沿った内容であり、先進諸国における株式会社制度などの市場経済体制に適した諸制度を大胆に導入するための道を開いた文章であったといえよう。その後、株式制企業試行は、一段と加速され、地方中心であったのが全国的な規模へ広げられるようになった。それにともなって、企業制度改革においては、株式制企業試行が、国家と企業との関係を調整し、企業の経営メカニズムを改善し、企業を経済主体に育成するうえで持つ革新的な意義が、次第に認識されるようになった。一九九二年五月に公布された「株式制企業試行弁法」では、株式制企業試行の目的として、企業の経営メカニズムの転換、「政企分離」の促進、企業の自主経営および企業の自ら損益の負担が上げられている(一項の(一))。同年一〇月には「社会主義市場経済」の理論が提起され、一九九三年一一月に「社会主義市場経済体制」の樹立が唱われた後、企業制度改革としては「現代企業制度」を確立する方針が打ち出された。株式制企業試行は、中国の企業制度改革の目的に合致し、企業制度改革の方向性を示すものと明確に位置づけられるようになった。

一方、一九九三年四月に第八期全国人民代表大会第一回会議で憲法改正が行われ、従来の「国営経済は全人民所有制経済である」という文言が「国有経済は全人民所有制経済である」に改正され、「社会主義市場経済の実行」という言葉が明記された。これによって、法律上、生産手段の所有形態については、国有経済と全人民所有制経済との関係が明かになった。経営形態については、全人民所有制経済は国が経営を行うという固定的関係が、憲法上の要請ではなくなった。

この憲法改正は、全人民所有制経済における所有権と経営権の区別を適切に表したため、企業制度改革を一層進めるための法的根拠を提供した。(31) 全人民所有制において、国が所有者であることが明記されるとともに、国が所有者であればよいこととなったという点からすれば、この憲法改正は、国有企業に株式会社制度を導入するための道を開いたといえよう。

会社法が一九九三年一二月に公布され、翌年七月に施行されるにともなって、国有企業の株式会社化が企業制度改革の方向を示すものとなり、本格的に行われるようになった。

一九九四年一一月には、「現代企業制度を確立するための全国試行工作会議」において、一九九五年から全国で一〇〇社の大型国有企業を対象に株式制企業試行を行うことが決定された。この一〇〇社の国有企業は、いずれも大型の国有企業であって、会社組織への改組作業は、直接に行政部門の指導のもとで行われた。しかし、当時、大型の国有企業においては、主として国有資産授権経営が行われていたため、一〇〇社のうち七七社は、株式会社でなく、国の単独出資による国有独資会社に改組された。(32)

一九九七年九月の共産党第一五大会では、公有制経済の概念は、国有経済と集団所有制経済のみならず、複数の投資者の出資による混合所有制形態における国家所有および集団所有の持分も含むと解釈され、国有経済の「支配力」（原語：控制力）の概念が打ち出された[33]。これらは、国有企業の株式会社化を推進するために道を開いたといえよう。一方、一九九七年には、一九九八年より三年間で国有企業を経営の困難な状況から脱却させるという目標が打ち出された。そして、世界貿易機構（World Trade Organization 以下、ＷＴＯと略す）加盟を控え、加盟後の激しい競争環境を生き残るために、大型企業集団の結成の動きが顕著になってきた。それを背景に、株式会社化が大型の国有企業へと広げられるようになった。

さらに、一九九九年九月には、共産党第一五期四中全会が開かれ、「国有企業の改革と発展の若干の重要問題に関する決定」が採択された。これにより国有企業に対し株式会社制度への改組を内容とした「戦略的な改組を行う」ことおよび、企業の所有形態にこだわらず、国有単独出資や国有の持株企業と株式参加を通じて国有経済の「主導的役割」を実現することが方針として打ち出された。これによって、大型国有企業の株式会社への改組が一層促されることになった[34]。

こうして、一九九九年以降、大型国有企業の株式会社化はかなり速いテンポで進められてきた。二〇〇〇年末現在、国レベルにおいて株式制試行が行われた一〇〇社国有企業、および地方政府レベルにおいて決定された二七〇〇社の国有企業のほとんどが会社制度に改組され、五二〇社国レベルの中型国有企業のうち、四三〇社がすでに会社制度に改組された[35]。しかも、二〇〇〇年は国有企業の株式会社への改組についてもっとも実りの多い一年であって、数多くの大型または超大型の国有企業が株式会社に改組され、そして株式の上場も達成された。たとえば、中国の製鉄所の最大手である宝山製鉄所は、二〇〇〇年二月に株式会社に改組された。設立当時の会社の株式総数は一〇六億三五〇〇万株であった。その後、この会社は、上海証券取引所に株式を上場し、一八億七七〇〇万株の新株を発行した。こうして、二〇〇〇年一一月時点で、会社の株式総数は一二五億七〇〇万株に達しており、中国国内において最大規模の上場会社となっている。(36)

四　株式発行による外資の調達

中国では、外資導入は対外開放に関する基本政策の一つである。従来、それは主として、外国政府、金融機関などからの借款、外国での外貨建債券の発行、外国投資企業の設立による外国資本の直接投資に限られていた。しかし、企業を設立するという直接投資に比べて、株式市場を通じて外貨を調達することは、便利で迅速な資金調達の方法であるとともに、海外の投資家にとっては中国市場へ参入するルートが一つ増えることを意味する。

企業が外貨導入の目的で株式を発行する場合としては、一つには、株式会社が国内の証券市場において外国投資家に向けて人民幣特種株式(B株)(37)を発行する場合がある。また、設立済みの外国投資企業(38)が株式会社へ組織変更される場合もある。時期的にはかなり後のことになるが、会社が直接に海外の証券市場に株式を発行・上場する場合もある。

一九九一年以降、既存の株式会社が、国内の証券市場で外国投資者向けの人民幣特種株式(B株)を発行して外資を調達する方法を用いるようになった。一九九一年一一月に、上海真空電子部品株式会社が政府当局の認可を得て、初めて国内の証券市場で外国投資者向けの人民幣特種株式(B株)を発行し、続いて一九九二年二月二一日に、上海証券取引所にそれを上場した。

外国投資企業の株式会社への組織変更は、鄧小平「講話」少し前から始まっていた。第一号は既存の外国投資企業の組織変更によるものであった。深圳大通実業有限会社である。

この会社は一〇〇%香港資本により設立された外国投資企業であったが、一九九〇年七月に、深圳市政府の認可を得て、株式会社へ変更された。再評価された有限会社の自己資本（純資産）は、三〇五二万元であった。変更後の株式会社の資本金は六〇〇〇万元であった。株式会社は発起設立方式により設立され、株式のすべては法人である発起人により引き受けられた。その内訳は、中国側が株式総数の四〇%を保有し、外国側が株式総数の六〇%を保有する。[39] 続いて、一九九二年二月に上海聯合紡績有限会社が株式を発行して外国投資株式会社に組織変更した。[40]

その後、株式制企業試行は、国有企業を国際基準に合わせつつ直接に海外上場の株式会社へと改組する動きを見せている。国有企業から改組された株式会社は、海外の証券市場で外貨建ての株式を発行して資金調達を行うようになった。一九九二年一〇月に政府が「第一次海外上場候補企業」のリストを発表した。これを受けて、翌一九九三年七月に青島ビール株式会社が香港の証券市場で株式（H株）を、上海石油化学株式会社が香港およびニューヨークの証券市場で株式（H株およびN株）を発行・上場した。一回目で香港上場予定の九社のうち、四社が一九九三年内に、残りの三社が一九九四年に株式を発行・上場した。続いて、ニューヨーク証券取引所でADR（アメリカ預託証券）を発行・上場し、ロンドン、シンガポール等の証券市場で株式を発行・上場した。一九九六年末現在、海外上場の株式会社は三六を数え、うち香港に上場したもの（H株）は二九社、ニューヨーク（N株）に六社、ロンドン（L株）には一社であった。[41] さらに、二〇〇〇年一一月時

点で、海外の証券市場で株式を上場している会社は四六社に達している。(42)

（1）金建東ほか編『株券債券全書（上）』（『股票債券全書（上）』）（北京理工大学出版社、一九九二年）四一頁。

（2）田中信行「中国における株式制度の実験過程」中国研究月報五号（一九九四）三頁。なお、同論文は中国の株式制企業試行の導入や展開について詳細にまとめている。

（3）農村の株式合作制企業に関する法整備を行ったのはかなり後であった。一九九〇年二月に、中央政府の省庁の一つである農業部が「農村株式合作企業暫定条例」を通達した。それによれば、農村株式合作企業は、労働農民の合作経済であり、社会主義の勤労大衆による集団所有制経済であるとされている（三条）。

（4）中国では、「文化大革命」の間は司法機関が壊され、立法活動が停止していた。改革開放が行われた直後の一九七九年に制定されたこの法律が「法」と名乗ったことには、意義があった。なお、当時においては、行政管理に関する法規範の「行政法規」や行政「規章」についても、条例、規定、弁法、決議、通告、命令、指示、通知、細則等々いくつかの名称が用いられ、用語法が混乱していた。「行政法規」名称の統一が進むようになったのは八〇年代後半になってからである。一九八七年制定の「行政法規制定程序暫定条例」によれば、「行政法規」として制定されるものの名称を統一して条例、規定、弁法に限定する。国務院の部や地方人民政府が制定するものは「規章」であり、「条例」という題名を付けることはできない。なお、詳しくは近藤昭三「現代中国行政法法源試論」札幌法学四巻一・二合併号（一九九三）七〇頁以下。

（5）従来の国有企業管理制度のもとでは、企業はそれぞれ縦割りまたは横割りの行政主管部門に配属されていたため、地域閉鎖、部門分割等の問題が生じ、企業間の協業も経営資源の組み替えもほとんどなされることがなかった。このような閉鎖的なブロック経済を超えて、企業間の協業を強めるために、八〇年代の初め頃、経済連合という動きが現れるようになった。

(6)「経済連合の促進に関する暫定規定」では、自らの所有形態を変更せず、行政従属関係を変更せず、財政上納ルートも変更しない、いわゆる「三不変原則」が定められている。これによって、業種が違い、異なる行政主管部門の管轄に属する全人民所有制企業間、または全人民所有制企業と集団所有制企業との間で経済連合企業が設立された。その後、政府は経済連合の一層の発展を図るために、一九八六年三月二三日に「横経済連合の一層の推進についての若干の問題に関する決定」(「関于進一歩推動横向経済聯合若干問題的規定」)を公布した。これを受けて企業間の経済連合は、業種にまたがる水平的な横経済連合へと発展してきた。

(7) 合弁経営企業では、董事会は、合弁経営企業の最高権力機構であり、重要な基本事項を決定する(「中外合弁経営企業法実施条例」(「中外合資経営企業法実施条例」)三三条)。董事会は、合弁経営企業の定款に基づいて、企業の発展計画、生産経営活動方案、予算、利益の分配、労働・賃金計画、企業の解散、総経理、副総経理、監査役などの任命または招聘などの重要な基本事項を討議・決定する(中外合弁経営企業法六条二項)。総経理、副総経理は董事会により任命または招聘され、董事会に対して生産経営につき責任を負う。総経理、副総経理は、合弁企業の各当事者がそれぞれ担当する(中外合弁経営企業法六条三項、中外合弁経営企業法実施条例四〇条一項)。なお、董事会の招聘により、董事長、副董事長は合弁企業の総経理、副総経理などの職務を兼任することができる(中外合弁経営企業法実施条例四〇条二項)。実務では、各当事者の董事は総経理、または副総経理を兼任するのが一般的である。

(8) 一九九四年四月に、「深圳経済特区株式合作会社条例」が深圳市第一期人民代表大会常務委員会第二二回会議において採択され、同年の七月一日より施行された。株式合作会社は、株式制、合作制および集団所有制企業の特徴を合わせた新たな企業形態であり、以下のような特徴をもっている。①集団所有の土地が会社の資本金として出資されているため、会社は一定の地域社会に固定される。②株主は資金、実物のほか労務をもって出資する。株式は、集団株、合作株および募集株に分けられる。集団所有財産が均等額の株式に換算された後、集団が保有する株式は集団株といい、集団構成員に割り当てられる株式は合作株という。ほかに集団構成員以外の大衆を対象に発行される株式は募集株という。③会社の機関設置について、株主代表会、取締役会、監査役会が設置され、株主の議決権の行使は様々である。一株につき一議決権、または株主一名につき一議決権を有する方法もあれば、株主代表者一名につき一議決権を有する方法もある。④利益配当は持株に基づいて行われる。⑤株主の責任態様は有限責任であり、会社は集団所有の土地以外の資産をもって会社の債務に対して責任を負う。なお、詳細は、黄輝「株式合作会社、中国の特色をもつ企業の組織形態」(「股份合作公司、一種具有中国特色的企業組織形式」)一九九五年深圳弁護士年会論文集、陳瑞銘「株式合作企業の性質問題に関する思考」(「関于股份合作企業性質問題的思考」)経済研究四号(一九九二)五六頁、孔祥俊「株式合作企業の法的メカニズム」(「股份合作企業的法律机制」)法学研究一号(一九九四)四八頁、周友蘇「株式合作制性質の研究」(「股份合作制性質研究」)現代法学(西南政法大学)三号(一九九六)四〇頁。

(9)　田中信行・前掲注(2)五頁によれば、深圳市宝安聯合投資総公司が発行したのは、株券ではなく、「株式証」(株式権利証書)であるという。

(10)　肖志家＝黄文俊『市場化の前奏』(『市場化的前奏』)(紅旗出版社、一九九四年)二二頁。

(11)　國谷知史「国有企業と株式制度」中国研究月報五号(一九九四)二四頁。

(12)　拙稿「中国の企業制度改革に関する一考察――国有資産の授権経営および国有企業の集団化における持株会社の動向(一)」名法一六六号(一九九六)二一八頁。

(13)　加々美光行『市場経済化する中国』(日本放送出版協会、一九九三年)一六六頁によれば、国の財政支出、銀行による貸付のほか、企業相互間、或いは企業と法人または個人との間の資金賃借が、三つ目のルートとして上げられている。

(14)　国家統計局編『中国統計年鑑(一九八四年)』(中国統計出版社、一九八四年)四一七頁。

(15)　国家統計局編・前掲注(14)四五三頁。

(16)　国家統計局編・前掲注(14)四六三頁。

(17) 喬晋建「民営化と株式公募」九州共立大学経済学部紀要六五号（一九九六）一四頁、汪志平「中国の国有企業改革と証券市場の発展」証券経済一九二号（一九九五）七一頁。
(18) 金建東・前掲注(1)五九六頁。
(19) 中国では、郷鎮企業とは、農村部にある集団所有制企業の一種であり、一九八二年に人民公社が解体された後、農村の郷・村または鎮といった集団の出資により設立された企業である。農業生産隊は、人民公社が解体された後も、しばらく存在し続けた農村の末端組織である。
(20) 日本証券研究所『中国の株式会社制度と証券市場の生成』（日本証券研究所、一九九四年）六八頁。
(21) 陳昭「社会主義株式制の討論」（「社会主義股份制的討論」）経済研究四号（一九八五）六二頁。
(22)「政企分離」は、序章に現れた「政企合一」という表現に対応する用語である。企業制度改革の進展にともない、政府の職能から企業の経営管理の職能を分離させ、企業の独自経営を強調する、いわゆる「政企分離」を求める声が次第に高まってきた。
(23) 童大林「株式化は社会主義企業の新たな基点」（「股份化是社会主義企業的新基点」）人民日報一九八六年八月一八日。
(24) 範茂発ほか「株式制は全人民所有制企業の方向ではない」（「股份制不是全民所有制企業的方向」）経済研究一号（一九八六）一七頁。
(25) 高尚全「一九八七年経済体制改革の新たな特徴」（「一九八七年経済体制改革的新特点」）中国経済年鑑編集委員会編『中国経済年鑑（一九八七年）』（経済管理出版社、一九八八年）III一頁、なお、一九八四年から一九九二年にかけて国有企業の株式制企業試行に関する政策の展開については、国谷知史「国有企業と株式制度」中国研究月報五号（一九九四）二四頁以下。
(26) 田中信行・前掲注(2)一〇頁。
(27) 国家経済体制改革委員会経済管理司「所有制改革の進展と今後の発展」（「所有制改革的進展与今後的発展」）中

国経済年鑑編集委員会編『中国経済年鑑（一九八八年）』（経済管理出版社、一九八九年）Ⅲ八頁。
(28) しかし、経済体制改革・開放政策を促進する流れは変わらなかった。たとえば、一九九〇年から一九九一年にかけて価格改革の実施、上海証券取引所や鄭州穀物取引所の設置、上海浦東開発の決定などがなされていた。石原享一「中国型市場経済と政府の役割」中兼和津次編『現代中国の構造変動（2）――経済：構造変動と市場化』（東京大学出版会、二〇〇〇年）五〇頁。
(29) 当時においては、経済法とは必ずしも政府が経済活動を介入する法律に限らず、もっと広い概念、すなわち経済活動に関するすべての法律をいうものであった。株式会社制度に関する法律は当然にそこに含まれる。
(30) 方生「対外開放と資本主義の利用」（「対外開放和利用資本主義」）人民日報一九九二年二月二三日。
(31) 「憲法部分内容改正の重要な意義」（「憲法部分内容的修改意義重大深遠」）法制日報一九九三年三月三一日。
(32) 張春霖「百社試行企業より国有企業改革を見る」（「従百戸試点企業看国有企業改革」）改革五月号（一九九六）一五頁。
(33) 張卓元「市場経済と中国企業の新発展」（「市場経済与中国企業新発展」）謝伏瞻編『中国経済専門家新思想年集録』（『中国経済専家新思想年集』）（中国発展出版社、二〇〇〇年）一七二頁。
(34) なお、統計上、従来の「国有企業」は、「国有および国有持株企業」というカテゴリーによって置き換えられて表現されるようになった。なお、「国有持株」（原語：国有控股）とは、企業の全資産に占める国有の持分が他のいかなる株主の持分よりも多いことである。すなわち、国が筆頭株主となっている状態をいう。『中国統計年鑑(二〇〇〇年)』（中国統計出版社、二〇〇一年）四六二頁。
(35) 「国有企業三年間で苦境から脱却させる目標ほぼ実現」（「国企三年改革与脱困基本実現」）人民日報（海外版）二〇〇〇年一二月一二日。
(36) 「国有企業株式制改革の重大な突破」（「国企股份制改革穫重大突破」）人民日報（海外版）二〇〇〇年一一月一一日。

(37) 人民幣特種株式は、B株と略称され、国内の証券市場において外国の投資者が外国為替で購入する株式の一種であり、後に海外の証券市場で外国の投資者に向けて発行されたH株、L株、N株などを合わせて外資株と呼ばれる。これに対して、国内の証券市場において中国の投資者に向けて発行された株式はA株と称される。A株には、投資主体別に国家、法人および個人が所有するものが含まれており、これらは個別的に国家株、法人株、個人株と呼ばれているが、A株と総称することは少ない。

(38) 外国投資企業は外国の投資により設立された企業形態である。主として合弁経営企業、合作経営企業、全額外国投資企業という三種類の企業形態があることから、三資企業とも呼ばれていた。一九九五年一月以後「外商投資株式有限会社設立若干の問題に関する暫定規定」(「関于設立外商投資股份有限公司若干問題的暫行規定」)が公布され、新規設立或いは設立済みの三資企業の株式会社への組織変更が認められるようになった。その結果、外国投資企業は四つの形態に増えた。

(39) 肖志家＝黄文俊・前掲注(10)五四頁。

(40) 中国における外国投資企業の株式会社化については、田中信行「中国合弁企業の株式化問題」中国研究月報一二号（一九九四）一頁以下。

(41) 李抗美「ともに発展する大陸部と香港の証券市場」北京週報三二号（一九九七）二二頁。

(42) 人民日報（海外版）二〇〇〇年一一月一一日。

第二章　株式制企業試行に関する法整備

前述のように、中国では、会社制度の導入は中外合弁経営企業を契機とする。株式制企業試行は、当初は地方レベルで、しかも一部の地域に限って行われていたため、法整備も当初は地方レベルで行われ始めた。後に経済体制改革が進むにつれ、株式制企業試行は全国規模に広げられてきた。一九九二年に、「現代企業制度」の確立が提起された後は、株式制企業試行は本格的に進められるようになった。そこで株式制企業試行に関する法整備も中央政府レベルで行われるようになり、やがて国レベルでの本格的な会社法の立法へ進んできた。本章では、各地域で始まった法整備の概況および証券取引に関する法整備の概況についてふれたうえで、株式会社に焦点を当てつつ、地方の規定・条例や「規範意見」や「会社法」に基づき、会社の設立、株式、会社機関等の内容を取り上げる。

第一節　株式制企業試行の法整備の概況

前述のように、一九七九年に「中外合弁経営企業法」は外資系企業のために制定された後、国内企業に関しては一九八四年以降、株券の発行および譲渡に関する規定が各地で作られるようになっていたが、一九八六年以後は、各地において一層本格的な株式制企業試行に関する法整備が行われるようになった。

一九七八年以降初めて会社法という名で制定された法律は、「広東省経済特区渉外会社条例」「広東省経済特区渉外公司条例」（以下「広東会社条例」という）である。この条例は、外資系企業の法整備を踏まえて、一九八六年九月二八日に広東省第六期人民代表大会常務委員会第二二回会議で可決された。

当時、中国各地で外国の直接投資が盛んに行われていたので、株式制企業試行を行う際には、外資系の株式会社を設立しようという声が高まった。「広東会社条例」は、このような要請に応じて制定されたものであったため、中国と外国の資本により構成された株式会社、いわゆる中外株式会社の形態に関する条文を多く設けており[1]、それが、この条例の特徴となっている。それまでの外資系企業の企業形態がいずれも有限会社であったことを考えれば、この条例に中外株式会社の形態が設けられたのは、まずは地方レベルで中外株式会社を試行するという思惑もあったものと考えられる[2]。

次いで、「瀋陽市集団所有制企業株式制試行規定」（「瀋陽市集体所有制企業股份制試行規定」）（一九八六年一一月二二日）、「四川省郷鎮企業における株式制の推進に関する意見」（「四川省関于郷鎮企業推行股份制的意見」）（一九八六年一二月二七日）、「上海市株式制企業暫定弁法」（「上海市股份制企業暫行弁法」）（一九八八年六月）、「上海市株式有限会社暫定規定」（「上海市股份有限公司暫行規定」）（以下「上海会社暫定規定」という）（一九九二年五月）などが制定された。ほかに、海南省は、一九八八年に省全域が経済特区になった後、「海南省全人民所有制企業株式制試行暫定弁法」（「海南省全民所有制企業股份制試点暫行弁法」）（一九九一年五月）、「海南経済特区株式有限会社条例」（「海南経済特区股份有限公司条例」）（以下「海南会社条例」という）（一九九二年八月）などを公布した。

深圳経済特区においては、「国営企業株式化試行暫定規定」（「国営企業股份化試点暫行規定」）（一九八六年一〇月一五日）をはじめ、「国営企業株式化試行登記暫定弁法」（「国営企業股份化試点登記暫行弁法」）（一九八七年三月三日）、「株式制改革の若干問題に関する意見」（「関于股份制改革的若干問題的意見」）（一九九〇年二月二八日）、「深圳市株式有限会社暫定規定」（「深圳市股份有限公司暫行規定」）（一九九二年二月一九日）、「深圳市上場会社の監督管理に関する暫定弁法」（「深圳市上市公司監管暫行弁法」）（一九九二年四月四日）などが相次いで制定された。

一九九二年七月には、深圳経済特区の急速な発展に対応するために、全国人民代表大会常務委員会は、深圳市人民代表大会およびその常務委員会に経済特区における法規制定の立法権を与えることを決定した。これを受けて、一九九三年四月に、深圳市人民代表大会常務委員会は「深圳経済特区株式有限会社条例」（「深圳経済特区股份有限公司条例」）（以下「深圳会社条例」という）および（「深圳経済特区有限責任会社条例）（「深圳経済特区有限責任公司条例」）を制定した。

一九九二年以後、株式制企業試行が本格化されるようになるに伴って、株式制企業試行に関する中央政府レベルのマクロ管理の強化と法整備が緊急な課題となった。そこで、一九九二年五月に、国家経済体制改革委員会等の行政部門が共同で、「株式制企業試行弁法」（「股份制企業試点弁法」）、「株式有限会社規範意見」（「股份有限公司規範意見」）（以下「規範意見」という）等の一六の政府規章を公布した。その内容は、株式制企業の財務、税務、会計、会計審査、労働、人事、工商[3]、国有資産管理等に及んでいる。このようにして、株式制企業試行の法整備は、深圳や上海等の地方レベルから、ようやく中央政府レベルへと進んできた。

会社法起草の試みはといえば、八〇年代の初め頃に遡る。一九八三年に国家経済委員会と国家経済体制改革委員会が共同で会社法の起草作業を始めた。一九八五年に設置された国務院の経済立法五人グループは、有限会社および株式有限会社条例を起草する方針を決定した。これに基づいて、会社条例の起草グループが、国家経済委員会、国家経済体制改革委員会および全国人民代表大会常務委員会法制工作委員会等により設けられ、作業を始めた。起草グループは、一九八六年一月に「有限責任会社および株式有限会社条例（草案）」（意見を求める稿）を作成した後、各地の関係部門にこれを配布して幅広く意見を求めた(4)。

当時においては、中国では有限会社の企業形態は、中外合弁経営企業をはじめ、横経済連合企業などにおいても多く採用されていた。したがって、立法の立場から見れば、有限会社条例に関する立法経験がある程度積み重ねられてきている。これに対して、株式会社の数は少なく、株式制企業試行をめぐる理論的な問題も解決されておらず、まだ議論の段階でしかなかった。それゆえに、二つの異なる企業形態の会社を一つの会社法に収めることにすれば、会社法の制定が遅れる恐れがある。二つの条例に分けて別々に制定すれば、条例の一つにつき問題が生じても、合意が得られた他の条例のみを先に公布することができる。

起草グループは、このような考えに基づいて、二つの条例の起草に取り組み、一九八六年七月には、「有限責任会社条例（草案）」および「株式有限会社条例（草案）」の起草作業を終えた。一九八七年以後、条例の草案は、数回にわたり全国人民代表大会の審議に提出されたものの、議題に取り上げられなかった。一九九二年八月に国務院は、今回は、「有限責任会社条例（草案）」のみを全国人民代表大会常務委員会の審議に付した。全国人民代表大会常務委員会は、社会主義市場経済体制の樹立に応じるために、一刻も早く全国統一の会社法を制定すべきであると判断するとともに、会社法のカバーする企業形態を一層広くして、会社法の内容をさらに充実させるべきであり、しかも、可能な限り国際的な慣習とリンクさせるべきであると指摘した。全国人民代表大会常務委員会の委員長会議では、二つの会社条例草案のほか、中央政府のレベルで制定された「規範意見」等をも基礎としつつ、全国人民代表大会常務委員会法制工作委員会が、全国統一の会社法の草案を起草することが決定された。(5)

全国人民代表大会常務委員会法制工作委員会は、前述の委員長会議の決定に基づき、会社法の起草グループを設立して会社法の起草作業を始めた。一九九二年の「社会主義市場経済」理論の提起を受けて、当時は会社の活動が一層盛んになり、会社の数も急速に増えていた。このような事情を背景に、全国統一の会社法を制定し、かつ早急に公布することが求められてきた。会社法草案は一九九三年一二月二九日に、第八期全国人民代表大会常務委員会第五回会議で可決され、新中国の最初の会社法である「中華人民共和国会社法」（以下「会社法」という）が誕生した。(6)

「会社法」が公布され、一九九四年七月一日よりの施行を控えて、「会社登記条例」（一九九四年六月二四日国務院令第一五六号発布）などが制定された。ほかに、「会社法」を実施するための関連通達として「国有株権管理暫定弁法」（「国有股権管理暫行弁法」）（国家国有資産管理局・一九九四年一〇月）や「土地使用権管理暫定規定」（「土地使用権管理暫行規定」）（国家経済体制改革委員会、国家土地局・一九九四年一二月）が出された。もっとも、十二の通達を公布する予定が立てられたのであったが、行政部門間の調整がうまく行かなかったため、一九九五年一二月の時点においては僅かの通達しか公布されなかった。(7) その後、「国有株権管理暫定弁法」に基づいて、「国有株の株主権利行使の行為に関する規範意見」（「国有股股東行使股権行為規範意見」）が公布された（国家国有資産管理局、国家経済体制改革委員会・一九九七年三月二四日）。

一九九四年七月一日に「会社法」が施行された後、それ以前に地方の規定や政府の条例により設立された既存の株式制企業に対して「会社法」に合わせるための整理・整頓を行うべく、一九九五年七月三日に国務院が通達（国務院一九九五年一七号）を出した。発起人の人数、登録資本額、会社定款の記載事項、機関設置、財務会計などについて「会社法」に照らして既存の会社の整理が求められ、一九九六年一二月三一日までに条件の整った企業に対して、改めて会社登記が行われることとなった。

第二節　証券発行・取引の法整備の概況

中国では、証券の発行・取引および証券機構の管理に関する法整備もまた、地方と中央政府レベルにおいて行われてきた。

上海市では、前述の「株券発行に関する暫定管理弁法」（一九八四年七月・中国人民銀行上海市分行）と「株券発行の代理業務に関する暫定規定」（一九八四年九月・中国工商銀行上海市分行）に続いて、「証券店頭における取引に関する暫定規定」（「証券柜台交易暫行規定」）（一九八七年一月）、「株券の取引市場に対する管理を強化する通達」（「関于加強股票交易市場管理的通知」）（一九九〇年八月）、「上海市証券取引管理弁法」（「上海市証券交易管理弁法」）（一九九〇年一一月）等、多くの規定が制定された。深圳では、一九八九年以後、「株券店頭取引に関する若干暫定規定」(「股票柜台交易的若干暫行規定」)(一九九〇年五月)、「株券の発行および取引の管理に関する暫定規定」(「股票発行与交易管理暫行規定」)(一九九一年五月)、「証券機構管理に関する暫定規定」(「証券機構管理暫行規定」)(一九九一年六月)等の規定や通達が、中国人民銀行深圳市分行や深圳市政府によって公布された。中央政府レベルにおいては、前述の一九八七年三月の「株券債券の管理強化に関する通達」を皮切りに、「証券会社管理暫定弁法」(「証券公司管理暫行弁法」)(一九九〇年一〇月)などの規定や通達が出された。

一九九二年以後、株式制企業試行の進展にともなって、政府の証券規制機関を設置することが必要になり、株式の流通市場に関する法整備も行われるようになった。一九九二年一二月一七日に、証券市場におけるマクロ管理を強化するために、国務院が「証券市場におけるマクロ管理をさらに強化することに関する通達」(「関于進一歩加強証券市場宏観管理的通知」)(国務院第六八号令発布)を公布し、証券規制機関を設置した。一九九三年四月二二日に、国務院が「株券の発行と取引の管理に関する暫定条例」(「股票発行与交易管理暫行条例」)(以下「株券発行取引暫定条例」という)を公布し、同日より施行した。証券法の草案は、一九九三年に初めて国の立法機関で審議された。しかし、その後、中国の証券管理体制のあり方、有価証券の種類などをめぐって見解が分かれたため、証券法の審議が難航した。証券法の草案がようやく第九期全国人民代表大会常務委員会第六回会議で可決されたのは一九九八年一二月二九日である。「中華人民共和国証券法」(以下「証券法」という)の施行は、一九九九年七月一日からである。

中外株式会社の設置、国内における人民幣特種株式(B株)の発行・上場および海外における外資株の発行・上場に関する法整備に関しては、「上海市人民幣特種株券管理弁法」(「上海市人民幣特種股票管理弁法」)(一九九一年一一月二二日）と「深圳市人民幣特種株券管理暫定弁法」（「深圳市人民幣特種股票管理暫行弁法」）（一九九一年一二月五日）が制定されていたが、続いて、一九九五年一二月二五日に国務院が「国内における株式有限会社の外資株上場に関する規定」（「関于股份有限公司境内上市外資股的規定」）を公布したため、これを受けて、上海と深圳の前記の規定が廃止となった。その後、一九九六年五月三日に国務院証券委員会が「国内における株式有限会社の外資株上場規定に関する実施細則」（「股份有限公司境内上市外資股規定的実施細則」）を通達した。

なお、中国国内において中外株式会社が設立され、または既存の外資系企業が株式会社へ組織変更される際の法整備に関しては、若干の規定が公布されている。前述の一九八六年九月の「広東会社条例」をきっかけに、上海市では、「中外株式有限会社の設立手続に関する暫定規定」（「関于中外股份有限公司設立程序的暫行規定」）（上海市外国投資委員会、工商行政管理局・一九九四年二月一五日）が公布された。その後、一九九五年一月一〇日に、政府の国家対外経済貿易部が「外国投資株式有限会社設立の若干問題に関する暫定規定」（「関于外国投資股份有限公司設立的若干問題的暫行規定」）を公布している。

ちなみに、国有企業が海外上場の株式会社へ改組される際に適用されるものとしては、「会社法」、「会社登記管理条例」、「証券法」、「株券発行取引暫定条例」といった法律や条例のほかに、「会社法」などに基づいて作られた規定や通達などがある。たとえば次のようなものがある。

一九九四年八月四日に国務院が、「会社法」を補充するために、「株式会社の海外での株式募集および上場に関する特別規定」（「関于股份有限公司境外募集股份及上市的特別規定」）（以下「特別規定」という）を公布した。続いて、一九九四年八月二七日に、国務院証券委員会等の部門が、この「特別規定」に基づいて「海外上場会社の定款における強制条項」（「到境外上市公司章程必備条款」）（以下「強制条項」という）を発布した。この「強制条項」は海外上場会社の第二定款と見られている。「強制条項」の公布に先だって、国有企業の香港の証券市場において株式の発行・上場の実務に対応するため、一九九三年六月一〇日に国家経済体制改革委員会が「香港上場会社の定款における強制条項」（「到香港上市公司章程必備条款」）を発布した。ほかに、海外上場の株式会社へ改組される作業に関しては、一九九四年三月九日に国家経済体制改革委員会が「海外上場の株式会社への改組作業の手順」を発布した。

第三節　株式会社法制の主な内容

ここでは、株式会社法制の主な内容を地方レベルの法制、「規範意見」および「会社法」の三つに分けて概観することにしよう。

一　地方の規定や条例における株式会社法制の主な内容

一九八〇年代から一九九〇年代にかけての時期における地方レベルの株式会社法制に関しては、地域の特殊性や法整備の時期によって法規定の内容が多少異なる。しかし、各地の規定や条例は先進諸国の会社制度を参考にして制定されたため、共通したところが多く見られる(8)。

会社の設立については審査認可主義が採用された。会社の発起人は行政主管部門に会社を設立するための申請をしなければならない。会社設立の方式については、発起設立と募集設立が定められている。発起人が募集設立により会社を設立する場合には、発起人が引き受ける株式数は、たとえば募集する株式数の三〇％ないし三五％以上でなければならないとされる(深圳会社条例一五条三項、上海会社暫定規定一〇条三項)。株主総会は意思決定機関であり、取締役は株主総会により選任される。代表取締役は取締役会により選任される。代表取締役は会社の法定代表者である。監査役会は三人以上の構成員により構成され、うち三分の一の構成員は従業員から選任された代表が就任し、かつ会社の従業員により選任・解任される。その他の構成員は、株主が就任し、かつ株主総会により選任・解任される(深圳会社条例一一五条、上海会社暫定規定九〇条、海南会社条例一一五条二項)。

株式に関しては、株式の概念や発行価額や分類は基本的に諸外国の会社法の内容と同様である。たとえば、株式の発行価額については、資本充実の原則を重視するところから、額面を下って株券を発行することが禁止されている。株式は、権利内容により普通株と優先株に分類されている。しかし、各地の規定や条例はそれぞれの地域の事情に合わせて制定されたため、以下のような特徴も見られる。

株券の形式については、たとえば「広東会社条例」では、株券は一株を表彰する単株券と二株以上の株式を表彰する複株券に二分されている。株券の価額は中国貨幣元のみならず、その他の貨幣でも表示できる(七一条)。株券は、一般に、記名株券であり、無記名株券の発行は認められない。記名株券の場合には、必ず株主本人の氏名が記名されるべきであり、他人の名義または代表者の氏名が用いられてはならない。しかし「深圳会社条例」では、記名株券と無記名株券の発行が認められている。無記名株券の株式数は発行済株式総数の三〇％以内に制限されている（四六条一項）。

株式の分類については、人民幣特種株式（B株）発行が容認されている。株式を引き受ける当事者、いわゆる投資者主体別に、国家株、法人株および個人株といった分類も採用されている。たとえば、前述のように、一九八四年制定の「上海市株券発行に関する暫定管理弁法」では、株式は集団株と個人株に分類されていたが（二項）、その後、一九八八年六月に制定された「上海市株式制企業暫定弁法」においても、株式の権利内容、額面および記名の有無のほか、投資主体により株式を分類する方法が用いられた。株式は、ここでは、投資主体により国家株または政府株、単位（組織）株および個人株に分けられており（二二項の三）、それぞれの概念は次の通りである。

国家株または政府株は、原全人民所有制企業にあった国家基金により構成された株式である。国家基金には、企業の固定資産、国が企業の流動資金に充当した資金、および国が企業に貸付けた資金が含まれる。ほかに、政府の財政主管部門、企業の行政主管部門が会社に投資して取得した株式も国家株の一種であり、この場合には、政府株と呼ばれる。国家株の株主としての権利行使については、国の国有資産管理機構が設置された後は、当該機構が国家株を保有し、それまでは、政府の財政部門または企業の行政主管部門が代行して株主としての権利を行使する（二一項の四）。

単位（組織）株は二種類に分類される。全人民所有制企業が株式会社へ組織変更される際に、従前の企業が自己資金を投資して取得した株式と、他の単位（組織）が会社に投資して取得した株式である。単位（組織）株は、それを引き受けた組織が保有する（二一項の五）。ここでは、単位（組織）株のうち、従前の企業が自己資金を投資して取得した株式を「企業株」と称し、他の単位（組織）が投資して取得した株式を「法人株」と称することにしよう。

法人株については、会社が他の会社の株式を保有するのと同様であって、それほど問題にならなかったが、「企業株」については、従前の企業が自己資金で取得した株式がどのような性質を持っているか、それは諸外国会社制度における自己株式と同様であるかをめぐって、見解が分かれた。これについては、後にふれることにする。

個人株は、主として従前の企業の従業員および一般投資者個人が引き受けた株式である（一）項の六）。株式の譲渡については、各地の規定や条例においては、株式譲渡の自由原則が設けられている。法律や規定の定めがある場合を除けば、株主は、株式を譲渡し、抵当に供し、あるいは相続・贈与することができる。株式の譲渡規制については、その内容は規定や条例によって多少異なるが、「深圳会社条例」が多くの規定を置いているから、これを見てみよう。

この条例によれば、会社が設立登記をする前には、株式を引き受ける者が権利株(9)を譲渡することが禁止されている(五〇条)。会社は、次のような場合を除き、自己株式の取得が規制される。資本減少により株式を消却するとき、当該会社の株券を所持する他の会社と合併するとき、および当該会社の株券を所持する他の会社を買い占めるときである（五四条一項）。

会社の発起人、従業員、取締役、経理、監査役が保有する会社の株式の譲渡規制については、「深圳会社条例」では以下のような内容が定められている（五二条）。

① 会社の従業員は、当該株式を取得した日から一年以内に、有償割当で引き受けた株式を譲渡してはならない。一年経過後にそれを譲渡する場合には、一年につき譲渡可能な株式数は、その保有数の二〇%である。

② 発起設立会社の場合には、発起人は、会社が成立した日から三年以内に、保有する株式を譲渡することができず、三年経過後にそれを譲渡する場合には、株主総会の承認を受ける必要がある。

③ 公募会社の場合には、発起人は、会社が成立した日から一年以内に、保有する株式を譲渡することができず、一年経過後にそれを譲渡する場合には、株主総会の承認を受け、かつ証券規制機関に届け出る必要がある。

④ 会社の取締役、監査役、経理などの役員は、取得した日から三年以内に、有償で割り当てられた会社の株式を譲渡してはならない。三年経過後、株主総会の決議を経ても、譲渡可能な株式数は、その保有数の五〇%を超えてはならない。

⑤ 株主は、会社の清算が開始された日以降、その持株を譲渡してはならない。

二　「規範意見」の主な内容

「規範意見」は地方の法整備の成果を受け継いで制定されたものであるため、会社設立の審査や機関の設置および運営については、前述した地方の規定や条例の内容とほぼ同様である。「規範意見」において目立っているのは、会社の設立方式および、株式の分類に関する内容である。

「規範意見」によれば、会社設立の方式は、発起設立と募集設立に分かれる。募集設立の方式に公募（原語：社会募集）方式と縁故募集（原語：定向募集）方式が含まれる（七条三項）。公募会社は、当然ながら、株券を発行することはできるが、株式権利証書（原語：股権証）[10]の発行は禁止されている。縁故募集会社は、株券を発行することができず、株式権利証書をもって株券に代える（二五条）。株券はすべて記名株券であり、無記名株券の発行は認められない。しかも、記名株券を発行する際は、株券には株主本人の氏名、または組織の名称を記さなければならない。部門、機構および法人が保有している株券は、その部門、機構および法人の名称を記すべきであり、他人の名義、または代表者の氏名を用いてはならない（二六条）。

株式の種類については、「規範意見」もまた、株式権利の内容と投資主体という二重の基準に従って株式を分類している。株式は、その権利内容によって普通株と優先株に分類される。また、株式は、投資主体によって国家株、法人株、個人株および外資株に分けられる。なお、企業の所有形態別に形成された資産の性質にしたがって、全人民所有制企業の資産または集団所有制企業の資産をもって会社に投資して形成した株式を、公有株と総称するものとされている（二四条）。

個人株とは、不特定多数の社会一般公衆、会社の従業員などが個人の財産をもって会社に投資して取得した株式である。個人株主が一人で保有できる株式数（外国および香港、マカオ、台湾地区の投資家が保有する外資株を含まない）は、会社の株式総額の五‰を超えてはならないと規制されている。

縁故募集会社であれ、公募会社であれ、会社の従業員が全体として引き受けることができる株式数もそれぞれ制限されている。縁故募集会社の場合には、それは株式総額の二〇％を超えてはならないとされている。

公募会社の場合には、それは公募株式の一〇%を超えてはならないとされている。縁故募集会社が公募会社に転換される場合に、従業員持株比率が一〇%を超えているときには、会社は、従業員に有償で株式を割り当ててはならない。なお、公募会社における公募株式数は、発行済株式総数の二五%を下回ってはならないという規定も課されている。

外資株とは、外国および中国の香港、マカオ、台湾地区の投資家が、人民幣特種株式（B株）を購入する方式で会社に投資して取得した株式である。人民幣特種株式（B株）の券面額は中国貨幣元で明記されるが、もっぱら外国並びに中国の香港、マカオおよび台湾の投資者の売買に供される（二九条一項、二項）。

国家株とは、国の投資授権部門または機構が国有資産をもって会社に投資して取得した株式である。国家株は、一般に普通株であり、政府が授権した部門または機構が保有し、「国家株の代表者」を任命・派遣する。なお、後述するように、国有企業が株式会社へ改組される場合には、企業の国有資産を普通株に転換させるか、それとも優先株に転換させるかが、国有企業の株式会社化の基本構想に関わる焦点の一つである。「規範意見」では、国有資産を普通株に転換させるという構想が用いられた。

法人株は、企業法人または事業単位（組織）が会社に投資して形成した株式をいう。すなわち企業法人が法により支配できる資産をもって、会社に投資して形成した株式、または、法人格を有する社会団体や機関といった事業単位（組織）が、国の認可により経営に使用しうるものとされた資産をもって、会社に投資して形成した株式である。

株式の譲渡については、「規範意見」は、原則として株式譲渡の自由を認めている。株主は、国の関係規定および会社の定款に基づいて、保有する株式を譲渡することができ、また、それを贈与し（ただし公有株は贈与してはならない）、相続し、およびそれを抵当に入れることができる。しかし、以下のような規定内容に違反してはならず、株式の譲渡はその限りで規制されている（三〇条）。

①発起設立会社においては、会社の株式権利証書は、法人の間のみでそれを譲渡することができる。縁故募集会社においては、会社の株式権利証書は、もとの保有者の身分に応じて、それぞれ、法人の間、あるいは会社の従業員の間に限って、それを譲渡することができる。しかし、従業員の保有する株式権利証書は、厳格にそれを会社の内部に限定させるべきであり、会社の従業員以外のいかなる個人に対しても、それを発行し、または譲渡してはならない。

②いかなる法人も、保有する公有株、株式引受権利証書および株式優先引受権を、当該法人単位（組織）の従業員に譲渡してはならず、また、企業の福利基金、奨励基金および会社の公益金をもって取得した株式を、会社の従業員に無償で割り当ててはならない。

③国家株および人民幣特種株式（B株）の譲渡は、国の関係規定に基づいて行わなければならない。

④発起人は、会社の成立した日から一年間は、引き受けた株式を譲渡してはならない。

⑤従業員が保有している会社の株式（離職者および死亡者の株式を除く）は、従業員が引き受けてから三年内にそれを譲渡してはならない。

⑥取締役および経理は、在任中でかつ就任後三年の間は、その持株を譲渡してはならない。また在任中でかつ就任後三年を経過した期間においては、株式を譲渡できるようになるが、しかしその場合にも譲渡可能

な株式数は保有する自社株式の総額の五〇%を超えてはならず、かつ、取締役会の承認を得なければならない。なお、公募会社の取締役および経理がその保有している自社株式を譲渡する場合には、以上の規定が適用されるほか、さらに、中央政府または地方政府の経済体制改革委員会および中国人民銀行（当時においては、株式制企業試行の管理に当たった行政部門である）へそれを届け出ることが求められる。

ほかに、「規範意見」では、株式譲渡・取得について以下のような規制がなされている。

会社は、資本減少等の特段の事由による場合を除き、自己株式を購入してはならず、また自社の発行済株券を保管してはならない。また、特段の事由により自社の発行済株券を購入し、または保管する必要がある場合には、会社は、関係の担当行政部門の認可を得なければならない（三二条）。

発起人以外の株主は、単独で公募会社における株式総額の一〇%以上の株式を取得しようとする場合には、その旨を会社に通知し、かつその取得につき、中国人民銀行および経済体制改革部門の認可を得なければならない（三一条）。

三　「会社法」の主な内容

「会社法」は、諸外国の会社制度を参考にしながら、中国の実情に合わせて制定されたものである。以下では、「会社法」の内容を概観する。

1　会社の種類

中国では、株式制企業試行の開始以来、有限会社と株式会社の二種類の会社形態がよく利用され、これらにつき実務的な経験が積み重ねられてきた。そこで、「会社法」は、諸外国の会社制度に関する経験を参考にしながらも、中国のそれまでの現状に合わせて、有限会社と株式会社の二種類の会社形態を、その適用範囲に収めることとなった(二条)。これに加えて、国有企業の会社制度への転換の要請に応えるために、「会社法」は、国有独資会社の形態についても規定している。すなわち「会社法」の有限会社に関する部分には、国家機関の単独出資により設立された国有独資会社に関する独立の章が設けられた。これは、「会社法」において最も注目すべき点の一つである。

「会社法」が以上のように定めたといっても、中国においてその他の会社形態の存在が禁じられたり、排除されたりするわけではない。有限会社と株式会社の二種類以外の会社を、他の法規定に基づいて設立することは、当然ながら許される。たとえば、株式合作会社は、中国において会社種類の一形態であって、それに関する条例等に従って設立することができる。

2　会社設立の審査および登記制度

諸外国の会社設立の歴史を振り返れば、会社の設立に関する法規制は、およそ特許主義、審査認可主義、準則主義および厳格準則主義といった段階を経て発展してきたといえよう。

中国でも、株式制企業試行の要請に応じるためには、会社設立手続を簡素化し、効率の向上を図るべきである。しかし、国民の法的意識が弱いことも現実である。とりわけ株式制企業試行が開始されて以来、法整備が実務の発展に遅れたため、会社を設立するに当たって、不正を用いて経済発展の秩序を混乱させる事例がしばしば現れた。したがって、中国では、株式制企業試行と市場経済の発展がまだ初期の段階にあることに鑑み、会社設立についても監督および管理の強化が必要である。しかも、中国では従来、集権的な計画経済体制のもとで長期間にわたって厳格な審査認可主義が採用され、行政部門の審査・認可を受けることになっていた。仮に、一気に審査認可主義から完全な準則主義に転換するならば、従来もしばしば生じた「規制が撤回されると、経済秩序が乱れてしまう」という現象が再び起こりかねない。

したがって、「会社法」は、直接登記制度と審査認可制度を結び付けた会社設立の制度を採用した。すなわち、有限会社の設立は、原則として「会社法」に定める条件を満たせば、法により直接に会社として登記されうる。しかし同時に、別の法律あるいは行政法規において会社の設立につき審査・認可を得なければならないという定めがある場合には、会社の設立登記前に、それらの法により審査・認可を得る手続を経なければならない（八条）。

一方、株式会社の設立に関しては、原則として「会社法」に定める条件を満たせば、法により直接に会社として登記されうる。しかし、国務院の授権部門または省レベルの政府の認可が必要であることにつき、「会社法」に明文の規定が設けられている（七七条）。株式会社の設立について審査・認可が必要とされるのは、株式の募集が社会資金の流れおよび社会の一般公衆の利益に大きく関わるからである。

3　会社の登録資本制度

資本制度は、中国の会社制度において最も重要なものの一部と位置づけられており、会社法の諸制度および原則がこれを基礎としている。諸外国が採用する資本制度を考察すれば、法定資本制度、授権資本制度、あるいは認可資本制度が主要なものである。

「会社法」は、有限会社と株式会社の登録資本につき法定資本制度を採用した。しかも、会社の種類に応じて、それぞれの最低登録資本金を明確に規定している。すなわち、有限会社の登録資本は、株主(「会社法」では有限会社の社員も株主と呼ばれている。)全員による払込済出資額であるとされ、その額は会社の登記機関で登記されなければならない。しかも、会社の業種別に、それぞれ一〇万元、三〇万元、五〇万元の登録資本の最低限度額が定められている。特定業種の有限会社における登録資本の最低限度額が前述の限度額を上回る必要がある場合には、法律、行政法規により別に定められる(二三条)。株式会社の登録資本は、実際に払い込まれた株式総金額であり、その額もまた会社の登記機関で登記されなければならない。その最低限度額は一、〇〇〇万元である。その登録資本の最低限度額がこの限度額を上回る必要がある場合は、法律、行政法規により別に定められる(七八条)。

4　株式会社の設立の方式

「会社法」は、株式会社設立の方式について、発起設立と募集設立を定め(七六条一項)、募集設立に関しては不特定の公衆を対象とする公募方式のみを定めている。株式会社を設立する場合に、発起人は五人以上で、その過半数は中国の国内に住所を持つ者でなければならないとされている（七五条一項）。もっとも「会社法」は、中国の株式制企業試行の現状に合わせて、国有企業が株式会社へ改組される場合には、発起人は五人を下回ってもよいとしている。しかし、その場合には、募集設立方式を採用しなければならない（七五条二項）。

前述のように、「規範意見」では、株式会社の募集設立について、公募方式のほか、縁故募集方式も認められていた。縁故募集方式は、会社の発起人が法人または当該会社の従業員を対象に株式を発行するものであり、株式制企業試行が始まった頃、よく採用された方式である。「規範意見」が施行された後も、約四〇〇〇社の会社はこの設立方式により設立された[11]。しかし、縁故募集方式を採用して会社を設立する場合には、定められた基準を超えて会社内部の従業員に株式を発行するという問題がしばしば生じた。しかも、このような縁故募集方式では、特定の法人または当該会社の従業員を対象に株式が発行されるために、株式発行についての透明度を欠くことになる。たとえば、株券が無償で関係部門の職員に贈呈されるという問題もしばしば生じた。その結果、会社の財産が流失して、そして行政部門の腐敗を招いたのみならず、会社の法人株が個人化されたり、会社の内部株が社会一般に流通させられるようになってしまったりした。このような問題を解決するために、「会社法」は、縁故募集方式を廃止したのである[12]。それゆえに、「規範意見」のもとで縁故募集方式により設立された会社については、有限会社に変更されるか、それとも公募会社に変更されるかという問題が残されている[13]。

5　株式および株式の譲渡

株式の定義については、「会社法」は「規範意見」とほぼ同様に規定している。株式の種類については、「会社法」は、政府が他の種類の株式の発行について別段に定めることを容認しつつも（一三五条）、原則としては株券の記名の有無により記名株券と無記名株券に分類している。しかも、この二種類の株券はその発行対象がそれぞれに異なる。「会社法」によれば、会社は、発起人、国家の投資授権機構および法人に対しては、記名株券を発行し、必ず当該発起人、国家の投資授権機構または法人の名称を記載しなければならず、他人の名義または代表者の氏名を用いて記名することは許されない。これに対し社会の一般公衆を対象とする場合には、会社は、記名株券と無記名株券のいずれかを用いて発行することができる（一三三条）。したがって、無記名株券は社会の一般公衆を対象にのみ発行されている。

発起人および法人を対象に記名株券を発行する際に、法人名称を記載することは、これまで株式制企業試行においてしばしば起きた、会社の経営者が会社の株式を無償で他人に贈与するといったような不正を防ぐうえで、大いに期待されるところである[14]。

株式の発行については、「会社法」は、「公開・公平・公正」という原則と「同一株式・同一権利」、「同一株式・同一利益」の原則を設けている。同時に発行する株式は、一株の発行条件と金額が均一でなければならず、いかなる機構または個人の引き受ける株式も、一株につき均一の金額を支払わなければならない（一三〇条）。

株式の譲渡については、「会社法」は、株式会社について株式譲渡自由の原則を設けて、次のような詳細な規定を置いている。株主は、法によりその保有する株式を譲渡することができるが、その譲渡は法定の証券取引の場所で行わなければならない（一四三条、一四四条）。譲渡方式としては、記名株券の場合は株主の裏書または法律・行政法規が定めるその他の方式により譲渡される（一四五条一項）。無記名株券の譲渡は、株主が法定の証券取引の場所で株券を譲受人に交付することによって行われ、直ちにその効力を生じる（一四六条）。

「会社法」によれば、会社の資本減少により株式を消却するか、または自社株券を保有する他の会社と合併する場合を除き、会社の自己株式の取得が禁止されている。この場合には、会社は自社株券を取得した日より一〇日以内に当該株式を消却しなければならない。さらに、会社は担保権の目的物として自社の株券を取得してはならない（一四九条）。

その他、株式の譲渡については、「会社法」は、発起人、取締役および経理の持株の譲渡を規制しており、しかもその内容は「規範意見」よりも一層厳しい。前述のように「規範意見」によれば、発起人は、会社の成立した日から一年間は、引き受けた株式を譲渡してはならなかった（三〇条）。「会社法」によれば、発起人は会社の成立した日から三年内は、その保有している自社株式を譲渡してはならない。また取締役、監査役および経理は、「規範意見」によれば、就任後三年たてば、保有する自社株式を譲渡する道が開かれたが、「会社法」によれば、在任中、保有している自社株式を譲渡できず、かつその保有について申告しなければならない（一四七条）。

6　株式会社の機関設置

株式会社の機関は、株主総会、取締役会、代表取締役（原語：董事長）、経理[15]および監査役会から構成される。「会社法」は、株式会社は、株主の数が多く、規模も大きく、しかも会社の会計財務が公開されるといった特徴を考えたうえ、株主総会、取締役会、代表取締役、監査役会を、いずれも必置機関としている（一〇二条）[16]。

株主総会（原語：股東大会）は会社の意思決定機関（原語：権力機関）であり、会社の投資計画、役員人事、利益配当のほか、登録資本の増加および減少、社債の発行、会社の合併、分立および解散等の重要事項について決定する権限を有する。定時総会は年に一回開催され、臨時総会は「会社法」に定める開催事由が発生した場合に開催される。株主総会は取締役会（原語：董事会）が招集し、代表取締役が主宰する。また、一株一議決権の制度が採用されている。株主総会の決議には、普通決議と特別決議がある。普通決議は、会議に出席した株主の有する議決権の過半数に当たる同意をもってなされるのに対して、特別決議は、会社の合併、分割、解散または定款変更について用いられ、会議に出席した株主の有する議決権の三分の二以上に当たる同意をもってなされる（一〇三条〜一〇七条）。

取締役会は、会社の経営決定機関であり、五人ないし十九人の取締役（原語：董事）から構成され、株主総会に対して責任を負い、主として株主総会の決議の執行、会社の経営計画および投資案の決定、利益配当案および決算案の決定、会社の経理の選任または解任等の権限を行使する（一一二条）。取締役の選任および解任は株主総会により決定される（一〇三条）。会社は、代表取締役を一人置かなければならず、代表取締役副会長

（原語：副董事長）を一人ないし二人置いてもよい。そのいずれも取締役会の過半数により選任される。代表取締役は会社の法定代表者である（一一三条）。取締役の任期は定款の定めに委ねられるが、三年を超えてはならず、再任は可能である。取締役会の会議は、過半数の取締役の出席により開催され、その決議は取締役全員の過半数の同意をもって採択される（一一五条～一一七条）。

経理は、取締役会により選任され、かつ取締役会に対して責任を負いつつ、会社の経営管理等の業務を主宰する（一一九条）。会社の取締役および経理は、忠実義務、会社利益保護の義務を課せられ、会社の地位や職務権限を利用して、自分のための利得を図ってはならない（五九条）。また取締役および経理は業務執行に当たって法律、行政法規または会社定款に違反して会社に損害をもたらした場合に、賠償責任を負う（六三条）。両者の欠格事由についても規定されている（一二三条）。

監査役会（原語：監事会）は、株主の代表者と会社の従業員の代表者を含む三人以上の監査役（原語：監事）により構成される。従業員の代表者である監査役は、会社の従業員により選任される。構成員の中から、一人の招集権者が選任される。取締役または経理は、監査役を兼任してはならない（一二四条）。監査役会の構成員に関しては、従業員の代表者が会社の監査役になる点が日本の監査役会と異なる。これは、中国の国有企業においては従業員が企業管理に参加するとされてきた考え方を反映しており、地方の法規や規定において採用されてきた方式を踏襲したものである。

監査役である株主の代表者は、株主総会により選任される（一〇三条）。監査役の任期は三年とされるが、再任は可能である（一二五条）。監査役は、主として会社の財務監査と、取締役および経理の業務執行の違法性の監査を行う(一二六条)。監査役は、法律、行政法規および会社の定款に従い、忠実にその職務を履行する義務を課せられる。その欠格事由も規定されている(一二八条)。

その他、会社の機関運営に影響を及ぼしそうな要素として、株式会社に共産党の末端組織が設置されること(一七条)が指摘されるべきであろう。これは、中国の社会主義的特徴を表すものであり、現段階における株式制企業試行の特徴の一つとなっている。株式会社においては、会社の機関と共産党の組織との関係をどのように調整するかが、株式会社の機関設置の中心をなしている。その詳細については、後にふれることにする。

7 社　債

諸外国の会社立法においては、通常、株式会社のみが社債の発行資格と発行能力を持つものとされる。日本では、有限会社は、閉鎖的・非公開会社であるため、社債を発行しえないことが条文上も明らかである(有限会社法六〇条三項、六四条一項)。合名会社および合資会社は社債を発行しえないわけではないと解されているが、しかし、実際上、合名会社、合資会社が社債を発行することはない。商法も、株式会社についてのみ、社債に関する規定を設けている(商法二九六条～三四一条ノ一八)(17)。

「会社法」は、中国の経済発展の需要と、一般の企業につき社債の発行が認められてきたという状況から、社債発行の主体には、株式会社のみならず、国有独資会社、二つ以上の国有企業または二つ以上の国有投資主体の投資によって設立された有限会社も含まれることとなった。すなわち、前述の会社または企業は、生産経営の資金を調達するために、「会社法」の規定に従って社債を発行することができる。

その理由は、中国では、国有独資会社や二つ以上の国有企業または二つ以上の国有投資主体の投資により設立された有限会社は、一般に規模が大きく、国家の信用によって担保され、債権者の利益を十分に確保することができ、しかも、前述の会社または企業には、社債券を発行することによって資金を調達する必要性が確かにあるからである。

一方、中国では経済改革が進んでいるなかで、資金調達面においても乱れた現象がしばしば生じているところから、金融市場を管理し、社債券の信用を維持し、さらに社会の秩序を維持・保護するために、「会社法」は、社債発行の条件や手続については、相当に厳しく定めている。

社債を発行するためには、会社の純資産額が、株式会社の場合は、三、〇〇〇万元を、有限会社の場合は、六、〇〇〇万元を下回ってはならない。社債の累計総額は、会社の純資産額の四〇%を超えてはならない。社債の発行は、利息の支払い能力を勘案し、かつ国の産業政策に合致するものでなければならず、国債発行とのバランスをとるためにも、債券の利率は、国務院の限定する利率に規制されている（一六一条）。

社債発行の手続については、会社の株主総会が決議をした後に、国務院の証券管理部門の審査を受けなければならないとされる（一六三条）。「会社法」はまた、会社の再度の社債発行が禁止される事由を列挙している。たとえば、前回に発行した社債の全額が払い込まれていないとき、既に発行した社債または会社の債務につき契約に違反し、または元利の支払いに遅延した事実があり、かつ、その状態が継続しているときなどである（一六二条）。

8　財務会計制度

中国の集権的な計画経済体制のもとで、企業が採用してきた財務会計体制は、国際会計原則とは全く異なっていた。そこで、市場経済体制の確立に適応するために、中国は、従来の会計制度を改めて国際会計原則に近い財務会計制度を取り入れるように努力してきた。

「会社法」においては、有限会社と株式会社はいずれも、法律、行政規定および国家の財政主管部門の定めに従って会社の財務会計制度を設けることが義務付けられている(一七四条)。また、会計年度ごとに財務会計報告を作成し、法により検査を受けなければならないものとされる。会社の財務会計諸表には、貸借対照表(原語：資産負債表)、計算損益書(原語：損益表)、財務状況変動表、財務状況説明書および利潤配当表が含まれている(一七五条)。

「会社法」はまた、会社の形態に応じ、会社の財務会計報告についてそれぞれ詳細な規定を設けている。たとえば、財務会計報告について株主に知らせるために、有限会社の場合は、各株主への送付が求められる。株式会社の場合は、本社にこれらを備えて株主の総攬に供し、さらに募集方式で設立された会社の場合は、公告を行うことが要求されている(一七六条)。

「会社法」によれば、会社が利益配当を行う際には、会社の税引後の利益から法定公積金、法定公益金、および任意公積金をそれぞれ積み立てることが求められる。その使途についても、それぞれ詳細な規定が置かれている。すなわち、①法定公積金は、税引後の利益から一〇%を控除して積み立てなければならない。しかし会社の登録資本の五〇%以上に達した時にはこの限りでない。法定公積金は会社の前年度の欠損塡補に不足する場合には、法定公積金と法定公益金を控除する前に当年度の利益をもって欠損を塡補しなければならない。②法定公益金は、税引後の利益から五％ないし一〇％を控除して積み立てるものであり、当該会社の従業員の福祉に充当される。③会社は法定公積金を控除した後、株主総会の決議をもって税引後の利益から任意公積金を控除することができる（一七七条〜一八〇条）。

9　法律責任

「会社法」は、各形態の会社の特徴に合わせて社会経済秩序を維持・保護し、株主と債権者の利益を保護し、会社および社会一般公衆の利益の侵害を防ぐために、特に法律責任に関する章を設け、これにつき詳細に定めている。

法律責任を負う主体には、会社、会社の発起人、株主、取締役、経理、監査役、資産評価等を引き受ける機関および清算人会の構成員のほか、国務院証券管理部門や会社の登記機関などのような、会社の管理に関わる国家の管理機関も含まれている。法律責任を負う主体が国家の管理機関まで及ぶことは、「会社法」における注目すべき点の一つである。

「会社法」は、会社の違法行為に対して、責任形式からいえば、民事責任、行政責任および刑事責任を定めている。そのうち中心をなしているのは行政責任である。刑事責任に関しては、刑法に従う。法律責任を負う主体が犯罪を構成する場合、法に基づき刑事責任を追及される。法律責任の章においては、取締役や経理や監査役等の具体的な違法行為につき、過料、会社登記の抹消、営業の停止、不法所得の没収などが定められている（第十章、二〇六条〜二二八条）。会社の経営者の民事責任に関しては、「会社法」は、会社の経営機関の設置に関する内容の中で、会社の経営者が業務執行に当たって法律、行政法規または定款に違反して会社に損害をもたらした場合には、賠償責任を負うと規定している（六三条）。しかし、誰が会社の経営者の法的責任を追及するかは、法律上、明らかにされていない。監査役には経営者の責任を追及する権限が与えられていないし、「会社法」では株主代表訴訟制度が設けられていない。会社の経営者の法的責任を追及するための仕組みをいかに構築するかは、中国の「会社法」が将来に残している課題の一つであるといえよう。

（1）　会社の設立については審査認可主義が採用されている。会社の発起人は五人以上が必要であり、過半数以上は中国側である（四六条）。会社が初回で募集する株式数は会社の株式の発行総数の二五％以上でなければならず、しかも発起人が引き受ける株式数は、募集する株式数の二五％を下回ってはならない（五二条）。会社の機関設置については、株主総会が意思決定機関で、取締役は株主総会により選任される。代表取締役は取締役会により選任される。代表取締役は会社の法定代表者である（五五条、六四条、六六条）。

（2）　清河雅孝「広東省経済特区渉外会社条例」産大法学一号（一九九三）六九頁。

（3）　中国では、工商とは、工業および商業の行政管理のことをいい、主として、企業登記、商標登記、企業の営業許可証の交付などに関する業務である。中央政府のレベルには国家工商行政管理総局が設置され、省・自治区、さらに県、市、区のレベルにも工商行政管理局が設置されている。企業登記からすれば、工商行政管理局は日本の地方法務局に相当する機関である。

（4）　黄輝＝虞建新「中国会社法の制定――その背景、制定過程、主な内容、および若干の問題について」名法一五九号（一九九五）二〇〇頁。

（5）　黄輝＝虞建新・前掲注（4）二〇〇頁、卞耀武「『中華人民共和国会社法（草案）』に関する説明」（「関于『中華人民共和国公司法（草案）』的説明」）（一九九三年一二月二〇日）黄来紀ほか編『会社法疑問応答と会社設立の経験』（『公司法答疑与組建公司経験』）（世界図書出版社、一九九五年）三四四頁。
（6）　「会社法」が制定された背景や経緯の詳細は、黄輝＝虞建新・前掲注（4）二〇四頁。なお、王作全「中国会社立法の展開と機関に関する日本法からの示唆（1）」中京法学一号（一九九七）二一三頁以下。
（7）　張春霖「百社試行企業より国有企業改革を見る」（「従百戸試行企業看国有企業改革」）改革五号（一九九六）一七頁。
（8）　「深圳会社条例」、「上海会社暫定規定」、「海南会社条例」、「広東会社条例」の内容を見る限り、共通点が多く見られる。
（9）　原文には、株式（原語：股份）という用語が用いられている。日本の「商法」一九〇条によれば、会社が成立する前に、出資者が引き受けるものは、株式というべきではなく、それを権利株というべきである。
（10）　株式権利証書は、株券と同様に株式すなわち株主の地位を表章するもので、しかし株券のように株式市場において流通させることはできないものと位置づけられていると考えられる。
（11）　汪志平「中国の国有企業改革と証券市場の発展」証券経済一九二号（一九九五）八二頁。
（12）　賀宛男「中国現代企業制度を構築するために――『会社法』における重大な突破」（「為建立中国的現代企業制度――『公司法』的重大突破」）上海証券報一九九四年一月一八日。
（13）　中国の株式制企業試行における縁故募集方式の役割、それに対する評価については、黄輝＝虞建新・前掲注（4）二一二頁。
（14）　賀宛男・前掲注（12）上海証券報一九九四年一月一八日。
（15）　経理は場合によっては総経理とも称される。後述するように、株式会社では、取締役会と経理は委任関係にあり、経理は董事会に選任され、董事会に対して生産経営につき責任を負う。なお、酒巻俊雄ほか「（鼎談）中国会社法の制定と諸問題」判タ八五七号（一九九四）一七頁（酒巻発言）によれば、中国の株式会社の経理は、実際の経営を担当している点では、日本の株式会社における社長に近い者である。訳語としては、支配人、総支配人などがある。以下では、総経理または経理と称する。

(16)　卞耀武「全国人民代表大会法制工作委員会『中華人民共和国会社法（草案）』に関する審議結果の報告」（「全国人民代表大会法制工作委員会関于『中華人民共和国公司法（草案）』審議結果的報告」）（一九九三年一二月二〇日）黄来紀ほか・前掲注(5)三六八頁、黄輝＝虞建新・前掲注(4)二一三頁以下。

(17)　北沢正啓＝浜田道代『レクチャー商法入門』（有斐閣、第五版、一九九八年）一三〇頁。

第三章　株式会社への改組手続

中国では、国有企業の株式会社への改組は、国有企業制度改革の重要な一環として政府の強力な指導のもとに進められている。「会社法」は、株式会社の設立について発起設立方式と公募設立方式を定めている。国有企業が、株式会社に改組される場合、発起設立方式を用いて株式会社に改組する場合もあれば、公募設立により公募会社に改組され、すぐに株式を上場させる場合もある。さらに、発起設立により国有企業を一旦株式会社に改組し、その後「会社法」に基づいて制定された特別規定等に従って、直ちに海外の証券市場で新株を発行して上場会社に変更させる場合もある。

中国では、現行法上、株式会社の設立をはじめ、株式の発行や上場についてすべて審査認可制をとっている。しかも、国全体の年間株式発行の数や金額について、行政部門が従来の計画経済体制下の計画手段を用いてそれらを決め、企業の行政主管部門に割り当てる。この方法は、一九九九年七月一日に「証券法」が施行されるまで長らく採用されてきた。「証券法」は、株式の発行および上場につき審査認可制を維持しているものの、その内容を大きく変更した。

このように、中国における国有企業の上場会社への改組は、株式の発行審査制度、証券監督管理体制のあり方に深く関連している。したがって、本章では、まず中国の証券監督管理体制や株式発行審査制度を述べ、その後に「会社法」などに基づいて国有企業が上場会社へ改組される手続を概観する。

第一節　証券監督管理体制および株式発行審査制度の変遷

中国では、ここ二〇年の間、市場経済化が進み、株式市場が急速な発展を遂げるのにともなって、証券監督管理体制の在り方、証券規制機関の権限、証券の発行および流通、証券会社および証券市場の管理などに関わる証券金融行政の内容が大きく変化してきた。本節では、①一九八〇年代から一九九二年まで、②一九九二年に証券監督管理体制が形成された時期、③「証券法」が施行された後という三つの時期に焦点を当てながら、中国の証券監督管理体制および株式発行審査制度を概観する。

一　一九九二年までの証券規制機関および株式発行審査制度

一九八三年頃から一九九二年にかけては、中国の証券監督管理体制が形成された時期であった。この時期においては、債券や株式の発行・流通および証券会社を管理する業務は、金融行政の一部と位置づけられ、金融行政の主管機関である中国人民銀行(1)の管轄下に置かれた。

一九八七年に政府が金融引き締めに乗り出した後、中国人民銀行は、企業の発行する社債や株式について一括して管理を行い、その発行金額によって中国人民銀行または各地の中国人民銀行分行が社債や株式の発行を審査する、いわゆる「統一管理・分級審査」という管理体制を作った。たとえば、企業が一回で発行する債券や株式の総額は、三〇〇〇万元（三〇〇〇万元を含む）を超えていれば、その発行申請に対して中国人民銀行が審査を行う。その総額が三〇〇〇万元以下であれば、省、自治区および直轄市の中国人民銀行分行が審査を行い、その申請を認可した後に中国人民銀行にそれを届け出る。

もっとも、この時期においては、政府が国の企業債の発行につき従来の計画手段を用いた。すなわち、中国人民銀行は、国家計画委員会、財政部などと協議したうえ、国の年度企業債の発行総額を決め、企業の行政主管部門にこれを割り当てた。この方式は、後株式の発行にも採用された。

一九九〇年以後、上海証券取引所と深圳証券取引所が相次いで開設されると、株式の発行・譲渡に対する監督管理が一層求められ、中国人民銀行による監督管理が次第に強化されてきた。一九九〇年一二月四日に、中国人民銀行は、株式市場に対して集中的、かつ統一的に監督管理を行うために、「株式の発行および譲渡を厳格に抑制することに関する通達」（「関于厳格控制股票発行和轉譲的通知」）を出した。この「通達」は、上海市と深圳市に限って株式の発行および上場を許容し、上海市と深圳市の中国人民銀行分行が株式の発行を審査すると規定している。しかし、株式の発行にあたっては、上海市と深圳市の中国人民銀行分行が審査をした後に、中国人民銀行から認可を得ることが必要である。その他の地域における株式の発行・譲渡申請については中国人民銀行が自ら審査を行う（二項）。

一九九二年に鄧小平の「講話」を契機に、株式制企業試行が全国的な規模へ広げられるようになると、株式会社の設立審査、株式の発行審査および株式発行規模の決定など証券金融行政に関して行政部門間の職務分担が行われた。一九九二年五月公布の「株式制企業試行弁法」によれば、国有企業の株式会社への改組、いわゆる株式制企業試行の審査は、当時の国家経済体制改革委員会または省レベルの経済体制改革委員会が企業の行政主管部門とともに行うこととなっていた。株式の発行申請は中国人民銀行が審査を行う。国全体の株式発行総額に関しては、国家計画委員会が総合的に調整を行ったうえで、これを決定する（八項）。

二　一九九二年後の証券監督管理体制および株式発行審査制度

一九九二年以後、株式制企業試行の進展にともなって、証券市場の監督管理が強く求められるようになった。それを背景に証券規制機関を設置し、株式の発行・上場の審査などに関わる行政部門間の利害調整を行うことが必要となった。そこで、一九九二年一二月一七日に、国務院が「証券市場におけるマクロ管理をさらに強化することに関する通達」（「関于進一歩加強証券市場宏観管理的通知」）（国務院第六八号令発布）を公布し、証券規制機関の設置、証券金融行政に関わる行政部門と地方政府の職務分担などを決めた。これによって、中国の証券監督管理体制の基本的な枠組が作られた。

この「通達」により設置された証券規制機関としての国務院証券委員会、およびその執行機関である中国証券監督管理委員会（以下ＣＳＲＣと略す）は、以下のような職責を果たすものとされた。

国務院証券委員会は、全国の証券市場に対して監督管理を実施する主管機関であり、証券市場の規制に関する立法・政策の立案、証券市場全体の計画、証券規制に関わる他の行政部門との調整を担い、かつＣＳＲＣを監督・指導する。ＣＳＲＣは、国務院証券委員会の授権により証券市場の管理規則を制定し、証券経営機構を監督管理し、上場会社を監督するほかに、有価証券の発行・取引を管理し、海外の証券市場における国内企業の株式発行を監督・管理する（一項の(一)、(二)）。

当時においては、行政部門と地方政府はともに証券金融行政を担うものとされた。両者間の職務分担は、以下の通りである。

国家計画委員会は、国務院証券委員会の作成した証券発行計画案に基づいて総合的な調整を行い、国の証券発行計画を編成する。国務院証券委員会およびCSRCは株式の発行・上場を審査する。従来は、中国人民銀行が証券金融行政に当たっており、株式の発行・上場を審査する権限を行使していた。しかしこうなると、中国人民銀行の権限は、証券会社などの設立を審査するだけのものへと変わってくる。

証券市場の行政管理は地方政府の管轄下に置かれる。上海証券取引所と深圳証券取引所は、業務上CSRCの監督管理に服するとともにそれぞれ上海と深圳の地方政府の管轄を受ける。これを受けて、二つの証券取引所の総経理人事は、それぞれの地方政府が任命するものとされた。

一方、国有企業の株式会社への改組に関する審査は、従来の企業行政従属関係にしたがって行なわれる。すなわち地方政府の管轄下に置かれた国有企業の場合は、地方政府の関係部門と企業の行政主管部門がともに審査に当たり、中央行政部門の管轄下に置かれた国有企業は、国家経済体制改革委員会と企業の行政主管部門がともに審査を行う（一項の(三)）。

この「通達」のもとに発足した証券監督管理体制の特徴は、多くの行政部門や地方政府がともに証券金融行政の権限を行使するという分散管理体制にあった。証券規制機関は設置されたものの、国有企業の行政主管部門が株式の発行審査に加わり、地方政府が証券取引所を管轄していた。国務院証券委員会は、名義上、証券金融行政の主管部門と名乗ったものの、実際には、正式に国務院の省庁系列に編入されなかったため、憲法上、法律や条例などに従って命令や指示を発布する権限を有さず、行政部門間の関係を調整することしかできなかった。(2) CSRCはといえば、そのような国務院証券委員会のさらに下部へ設けられた一組織であるにすぎなかった。(3) 一九九八年一〇月に、国務院によって、CSRCは、国務院に直属する省レベルの事業単位（組織）と認定され、全国の証券市場および先物市場の主管部門として、国務院の授権により行政管理職能を果たすことになった。(4)

しかし、国民経済における株式市場の重要性が増してくると、中国の証券監督管理体制は次第に集中統一の監督管理体制へと変化してきた。たとえば、証券市場に対する監督管理を強化するために、一九九七年八月に国務院の決定により、それぞれ地方政府の行政管轄下に置かれていた上海証券取引所と深圳証券取引所が、CSRCの直接管轄の下に置かれることとなった。二つの証券取引所の総経理人事も、CSRCが直接に任命する。さらに理事長および副理事長の人事も、CSRCが候補者を指名し、理事会が選任することになった。(5)

株式発行審査制度については、一九九二年の「通達」は以下のような枠組みを作った。

国家計画委員会は国の証券発行計画を編成する。証券発行計画は、国務院の承認を受けた後、国家計画委員会と国務院証券委員会が省レベルの地方政府および中央部・局の行政主管部門に年度の証券発行総額を割り当てる。省レベルの地方政府および中央部・局の行政主管部門は、割り当てられた枠内で株式制企業試行を行う候補企業を決める。たとえば、国の株式発行総額は、一九九四年には五五億元と決められ[6]、一九九六年には一五〇億元に決定され[7]、一九九七年には人民幣株式のみで三〇〇億元にのぼった[8]。

株式の発行・上場の審査には、主として地方政府、ＣＳＲＣおよび証券取引所の上場審査委員会が関わる。企業は、株式会社への組織変更について行政主管部門の審査を受けた後、行政従属関係をとわず一律に省レベルの地方政府に対して株式発行の申請を行う。

申請企業が地方政府の管轄下に置かれた企業であれば、省レベルの地方政府が割り当てられた株式発行の枠内で審査を行う。これに対して、申請企業が中央部・局の管轄下に置かれた企業であれば、当該部門に割り当てられた株式発行総額の枠内で、中央部・局と地方政府が共同して審査を行う。申請企業は、株式の発行について地方政府または中央部・局の行政主管部門の認可を受けた後、ＣＳＲＣによる審査を受ける。ＣＳＲＣの認可を得れば、申請企業は証券取引所に対して株式の上場申請を行う。申請を受けた証券取引所は、株式上場の申請を審査し、認可すれば、それをＣＳＲＣに届け出る。その届出後一五日以内にＣＳＲＣから異義がなければ、株式が上場される（二項の（一））。

続いて、一九九三年四月二二日に、国務院が「株券発行取引暫定条例」を公布し、同日より施行した。これにより、株式の発行・上場の条件や審査期間などが定められ、前述の「通達」の主旨に沿った証券監督管理体制や株式発行審査制度などが法制化された。たとえば、企業の行政主管部門は企業の株式発行申請を受け付けてから三〇日以内に審査を行うものとされた。またＣＳＲＣは、行政主管部門の審査に通った株式の発行申請に対し、申請書類を受け付けてから二〇日以内に審査を行い、発行申請を認可するか否かの審査結果を出すものとされた（一二条）。

　その後、国民経済における株式市場の重要性が増し、株式発行審査作業の透明性が求められてくるなかで、CSRCは、一九九八年五月二八日に「中国証券監督管理委員会株式発行審査・認可作業手順」（「中国証監会股票発行審核工作程序」）（以下「株式発行審査・認可作業手順」という）[9]を公表し、この時期における株式発行審査・認可の作業手順を公開した。

　従来の株式発行審査制度のもとでは、次の二つの弊害が顕著に現れた。一つは、企業の行政主管部門が割り当てられた枠内でより多くの企業を上場させるために、上場会社の資産総額が小さくなる傾向が見られた[10]。たとえば、一九九五年から一九九六年までの間、上場会社の資産総額が下がった。上場会社の平均総資産額は、一九九五年が一三・二六億元、一九九六年が一一・九七億元であった。上場会社の平均純資産額は、一九九五年が六・〇五億元、一九九六年が五・五四億元であった。一九九七年以降、株式発行総額の代わりに、株式発行企業数を割り当てる制度が導入されるようになると、株式会社へ改組される企業数が限られたため、企業の行政主管部門は、企業数の枠内で、株式発行を通じて一社当たりより多くの資金を調達させるために、無理して申請企業の規模を拡大させた。それゆえに、申請企業の資産規模は拡大されたが、多くの企業が無理に一つの会社に統合されたため、株式の発行・上場がなされた後、株式会社の運営などにつき多くの問題は残された[11]。

　もう一つは、CSRCによる審査の形骸化の弊害が指摘されるようになった。前述の「株式発行審査・認可作業手順」によれば、株式発行について企業の行政主管部門が審査を行った後、CSRCが発行審査委員会を設置して株式発行審査を行うことになっている。そのため、企業の行政主管部門が認可した株式発行申請に対して、ＣＳＲＣがそれを覆すことは事実上不可能であるという問題が現実には生じてしまう。(12)

三　「証券法」施行後の証券監督管理体制および株式発行審査制度

証券監督管理体制について、「証券法」は、国務院証券監督管理機構が法により全国の証券市場に対して集中統一の監督管理を実施すると規定している(七条一項)。この文言からは、証券市場の集中統一の監督管理体制が実施されていると解釈されることであろう。しかし、現実には、中央政府レベルにおいては、多くの行政部門や機関が証券金融行政に関わっており、「国務院証券監督管理機構」に相当する機関が明確化されなかったため、「証券法」が施行された後も、中国の証券監督管理に関してなお分業監督管理体制が実施されている。

すなわち、ＣＳＲＣは、株券や投資基金の発行を管轄し、またすべて証券取引所で流通される株券、社債券、投資基金券および国債券の流通に対し管轄を行う。株券や投資基金以外の証券の発行および証券取引所で流通されない証券の流通は、関係の行政部門が監督管理を行う。たとえば、社債、金融債券および国債の発行は、国家計画委員会、中国人民銀行および財政部が管轄する。(13)

「証券法」は、また国務院証券監督管理機構は、必要に応じて出先機関を設置することができ、出先機関は、国務院証券監督管理機構の授権範囲内で職責を履行すると規定している(七条二項)。これに基づき、「証券法」施行後は、ＣＳＲＣは、証券市場および先物市場の主管部門として、各地にＣＳＲＣの出先機関である九つの証券監督管理弁公室と二つの直属事務所を設置した[14]。

「証券法」はまた、証券市場の秩序を維持し、その適法の運営を保障するために、国務院証券監督管理機構が法により証券市場を監督管理することを強調している(一六六条)。国務院証券監督管理機構の主な職責は次のように規定されている。①証券市場を監督管理するための規則を制定し、審査認可の権限を行使する。②証券の発行、取引、登記、委託管理、決算につき監督管理する。③証券の発行者、上場会社、証券取引所、証券会社、証券登記決算機構、証券投資基金管理機構、証券業に関わる弁護士事務所や会計士事務所などを監督する。④証券業に従事する人員の資格基準および管理規則を制定する。⑤法により証券の発行および取引に関する情報開示の進行状況を監督する。⑥証券業協会の活動を指導・監督する。⑦証券市場に関する法律、行政法規に違反した行為を取り締まる。⑧法律や行政法規に定められたその他の職責を果たす(一六七条)。

株式発行審査制度に関しては、「証券法」は、計画手段を用いて株式発行総額を決定する制度および株式発行額の割当制度を廃止し、そして株式発行申請を審査する主体から従来の企業の行政主管部門を外し、国務院証券監督管理機構(この機構に相当する機関は、前述のように少なくとも株式の発行や譲渡についてはCSRCとなっているため、以下、この機構のことをCSRCという)が発行審査委員会を設置して審査を行うことを強調した[15]。「証券法」によれば、証券の公募[16]は法律や行政法規で定める条件に合致しなければならず、かつCSRCまたは国務院の授権した部門の確認・認可(原語：核准)または審査・認可(原語：審批)を受けなければならない(一〇条前段)。株式の公募は、「会社法」で規定する条件に従い、CSRCに報告しその確認・認可を受けなければならない（一一条前段）。従来の株式発行総額決定制度および株式発行額または株式発行企業数の割当制度については、「証券法」は、一切言及していない。

「証券法」はＣＳＲＣによる株式発行審査に関して次のような枠組を作った。すなわちＣＳＲＣは発行審査委員会を設置する。発行審査委員会は法により株式の発行申請を審査する（一四条一項）。さらに、ＣＳＲＣは発行審査委員会の審査結果に基づいて法により株式の発行申請を確認・認可する。その確認・認可手順は公開しなければならない（一五条一項）。発行審査委員会は、ＣＳＲＣの専門人員および招聘された当該機構以外の専門家により構成され、投票方式により株式の発行申請に対して議決を行い、審査意見を提出する（一四条二項）。

ＣＳＲＣによる証券発行申請の審査期間は三ヶ月とする。ＣＳＲＣまたは国務院が授権した部門は、証券の発行申請書類を受理した日から三ヶ月以内に決定しなければならない。株式の発行申請を認可しない場合には、ＣＳＲＣはその理由を説明しなければならない（一六条）。

「証券法」が施行された後、ＣＳＲＣは、株式発行審査を行う際の透明性を高め、そして審査作業の効率性を図るために、「証券法」に基づいて「株式発行審査委員会条例」を作成し、一九九九年八月一九に国務院の承認を得て、同年の九月一六日に公布した。この「条例」は、発行審査委員会の組織構成、委員の権利と義務および株式発行申請を審査する際の作業手順などについて詳細な規定を置いている。続いて、二〇〇〇年三月一六日に、ＣＳＲＣは、「証券法」に基づいて従来の株式発行審査・認可手順を改正し、国務院の承認を得て、「中国証券監督管理委員会株式発行確認・認可手順」（「中国証券監督管理委員会股票発行核准程序」）（以下「株式発行確認・認可手順」という）を公布した。「株式発行確認・認可手順」は申請書類の受理、最初審査、発行審査委員会による審査、ＣＳＲＣによる確認・認可および再審査の申し立てという五つのプロセスから株式発行審査手順を構成している。

「株式発行確認・認可手順」はまた、国有企業の株式会社化における証券会社の果たす役割を重視し、証券会社がＣＳＲＣに対して株式の発行および上場をする会社を推薦する制度を導入した。すなわち、証券会社は、ＣＳＲＣに申請書類を提出し、株式の発行や上場を申請する会社を推薦する前に、申請企業に対して一年間にわたって株式会社への改組について指導を行うことが要求されている。その間には、証券会社は株式を発行する会社の取締役や監査役などの役員に対して「会社法」、「証券法」等の法律知識に関して試験を実施するとされているのも注目に値する点である。「証券法」はまた、株式発行審査について従来の国有企業を配慮し、株式発行額を割り当てる際に国有企業に片寄った制度を是正し、外資系企業や私営企業の株式会社への組織変更をも配慮し、平等に扱うようになった。

株式発行審査制度について「証券法」によって講じられたこれらの措置は、中国の証券市場の健全な発展を図るうえで大いに評価すべきものである。

しかし、現実には、「証券法」が施行された後も、しばらくの間は、従来の株式発行額の割当制度および企業の行政主管部門などによる株式発行の審査制度が存続していた。二〇〇〇年末に、株式発行企業と株式発行審査を担当する行政部門の間で発生した、「康賽現象」(17)と呼ばれた金権汚職事件が摘発された。これがきっかけとなり、ＣＳＲＣは二〇〇一年三月末に、株式発行額の割当制度と企業の行政主管部門による株式発行

の審査制度を完全に廃止すると発表した。(18)

第二節　上場会社への改組手続

中国では、国有企業が上場会社へ改組される場合には、申請企業は「会社法」や「株券発行取引暫定条例」などに定められた条件を満たし、法定の手続を踏まえなければならない。国有企業が海外の上場会社に改組される場合には、申請企業は、前述の法律や条例のほかに、国務院が「会社法」に基づいて制定した「特別規定」に従い、かつその改組手続について行政部門が作った作業手順に従わなければならない。本節では、国有企業が国内上場会社および海外上場会社への改組手続を概観する。

一　国有企業の国内上場会社への改組手続

「会社法」は、株式会社設立の一般的要件として発起人数、発起人の株式引受、株式の発行、資本金、定款の作成、機関設置などについて法律に従うと規定している（七三条）。「会社法」は、発起設立と募集設立を定め、募集設立について公募設立のみを認めている（七四条）。

国有企業が国内上場会社へ改組される場合には、通常会社名称の仮登記、会社設立申請、株式発行、会社創立総会の開催、設立登記および株式上場という手順が踏まれることとなる。

1　会社名称の仮登記の申請

国有企業の国内上場会社への改組手続は、株式会社の設立登記手続の一環としての会社名称の仮登記の申請手続から始まる。「会社登記管理条例」は、有限会社または株式会社を設立する際には、会社名称の仮登記の申請手続を行うと規定している。具体的には、会社設立につき法律または行政法規により審査を受ける必要がある場合に、申請企業は、設立審査に先だって株式会社の会社名称の仮登記申請をし、登記機関から認可された会社名称をもって設立申請をする（一四条）。

会社名称の仮登記申請手続を行うものは、発起人全員により指定された代表者、または会社の発起人が共同で委任した代理人に限られている（一五条）。仮登記による会社名称の保留期間は六ヶ月である。その間、申請企業は会社としての経営活動を行ってはならず、またその会社名称を譲渡してはならない（一六条）。

2　株式会社の設立申請

「会社法」は、株式会社の設立について審査認可制度を採用している。株式会社を設立するには、国務院が授権した部門または省、自治区レベルの政府の認可が必要である（七七条）。

一九九二年一二月一七日公布の「通達」によれば、株式会社の設立審査は、国有企業管理体制に沿って行われる。すなわち地方政府の管轄下に置かれた国有企業の場合には、地方政府または国家計画単独扱市の政府の授権した部門が、企業の行政主管部門とともに対象企業の株式制試行を審査する。これに対して、中央部・局に直属する国有企業の場合には、国家経済体制改革委員会が、企業の行政主管部門とともに審査を行う（通達一項の(三)）。

申請企業は、株式会社の規模や経営範囲などを明かにしながら、行政主管部門に対して株式会社の設立申請を行う。申請企業は、株式会社設立につき行政主管部門の認可を得れば、企業再編や株式発行申請、株式発行などの手続へ進む。これらのうち、企業再編は国有企業が組織的に株式会社へ改組される際に重要なプロセスの一つであるため、章を改めて扱うこととする。

3　株式発行申請および株式発行

国有企業が公募設立により株式会社へ改組される場合、株式会社の設立手続の一環として、株式を公募することが必要である。「会社法」は、株式発行について審査認可制をとっている（八四条二項）ため、申請企業は、企業再編の手続を始めると、国の証券規制機関に対して株式発行申請の手続を行わなければならない。一九九二年に中国の証券監督管理体制が形成されて以降の株式発行審査制度の変遷は、本章の第一節で述べた通りである。

「会社法」は、株式公募に関して発起人の引受株式数や目論見書の記載事項、株式発行・売出の引受証券会社との協議内容などにつき規定している。たとえば、発起人の引受株式数は、会社の株式総数の三五％を下回らないことを求めている（八三条）。

「株券発行取引暫定条例」は、株式公募の一般条件について以下のように規定している（八条）。会社の経営は国の産業政策に合致しなければならない。発行株式の種類は普通株に限られる。発起人の引受株式数は「会社法」と同様に三五％を下回ってはならないとされる。しかもその金額も、国が別途規定がある場合を除けば、三〇〇〇万元を下回ってはならない。株式構成については、公募株式は会社の資本総額の二五％以上でなければならず、会社の従業員が引き受ける株式は、公募株式の一〇％を超えないことが要求されている。但し、会社の株式総額が四億元を超える場合は、公募株式数の割合は、会社の株式総額の一〇％まで下げてよい。発起人は、直近三年内に重大な違法行為がないこと、および国務院証券委員会が定めるその他の条件を満たすことが要求される。

国有企業が株式会社に改組される際の株式公募については、「株券発行取引暫定条例」が、前述の第八条に加えて、以下の条件を満たすことを求めている。国務院証券委員会が別途規定する場合を除けば、株式を発行する前の年度末において、総資産に占める純資産の割合は三〇％を下回ってはならず、純資産に占める知的財産などの無形資産の割合は二〇％を上回ってはならず、直近三年間連続して利益を上げていなければならない（九条）。

4　創立総会

創立総会の招集・開催は「会社法」に従う。発起人は、株式の金額が全部払い込まれた後、三〇日以内に創立総会を開催する。創立総会は株式引受人により構成される（九一条一項）。発起人は、創立総会を招集し、開催する一五日前までに、会議の開催日を各株式引受人に通知するか、または公告しなければならない。創立総会の定足数は、株式総数の二分の一以上を代表する株式引受人の出席である（九二条一項）。

創立総会は、発起人の会社創立の状況に関する報告を審議し、会社定款を採択し、取締役会および監査役会の構成員を選任し、会社の設立費用や発起人の現物出資際の現物評価について審議し、最後に、株式会社を設立するか否かを審議する。創立総会の決議は、会議に出席した株式引受人の所持する議決権の過半数をもって採択される（九二条二項、三項）。

5　株式会社の設立登記申請

創立総会の開催後三〇日以内に、会社設立登記が行われる。設立登記の手続は、取締役会が会社登記機関に対して行う（会社法九四条、会社登記管理条例一八条）。その際に取締役会は、主管部門の会社設立認可証書、創立総会の議事録、定款、会社設立に関わる財務会計審査報告書、取締役会および監査役会の名簿、法定代表者の氏名記載の書類などを会社登記機関に提出しなければならない。

会社登記機関は、会社の設立登記申請を受領した日から三〇日以内に、登記の可否について決定する。「会社法」に定められた条件を満たす場合は、登記をして会社の営業許可証を発給し、「会社法」に定められた条件を満たしていない場合は登記をしない。会社の営業許可証発給の日は、会社成立の日とする。会社成立後、公告がなさなければならない（会社法九五条一項、二項）。なお、「会社登記管理条例」によれば、登記機関から発給される会社営業許可証は、「企業法人営業許可証」という証書となっている（二二条）。

6　株式上場

会社設立登記が行われた後、会社は、株式を上場するための手続を行う。「証券法」が施行されるまでは、株式会社の設立審査は、企業の行政主管部門が割り当てられた枠内で株式会社へ改組される企業を決めるという制度であったため、行政主管部門が株式会社の設立申請を認可した時点において、上場会社への改組は既に明確であった。

株式上場の条件については「株券発行取引暫定条例」および「会社法」が定めている。「株券発行取引暫定条例」は一九九三年三月に国務院により公布され、それに続いて、同年の一二月に「会社法」が制定された。しかし株式上場の条件について両者は内容的に一致するところが多いため、ここではそれら両者を合わせて見ることとする。

上場しようとする株式は、既に公募されている株式でなければならない。株式会社の株式総額は三〇〇〇万元を下回ってはならない。会社が設立されてから三年以上営業年数が経過し、しかも直近三年間連続して利益を上げていなければならない。しかも、国有企業が株式会社へ改組される場合、または「会社法」が施行された後に設立された会社の場合、あるいは会社の主な発起人が大型または中型の国有企業である場合には、営業年数は、累計で計算されてもよい。株主数については、一〇〇〇元以上の額面株式を保有する株主が千人以上でなければならないとされる。会社の株式総数に占める公募株式の割合は、二五％以上である。もっとも、株式総額が四億元を超えた場合は、公募株式の割合は一五％以上であってよい。会社は直近三年内に重大な違法行為がなく、しかも財務会計報告について不実表示がないことが求められる。その他の条件についても、国務院は別途定めることができる（会社法一五二条、株券発行取引暫定条例三〇条）。

二　国有企業の海外上場会社への改組手続

「会社法」によれば、株式会社は海外証券市場において株式を募集し、または株式を上場することができる。そのいずれの場合も国務院証券管理部門の承認を受けなければならず、かつ国務院の制定した特別規定に従わなければならない（八五条、一五五条）。第二章第二節で述べたように、「会社法」が公布された後、国有企業の海外上場会社への改組に対応するために、国務院は株式会社の海外での株式募集および上場に関する「特別規定」を制定した。

この「特別規定」によれば、株式の海外上場とは、株式会社が海外の投資者を対象に株式を発行し、海外の証券取引市場で譲渡することをいう（二条）。株式会社が海外の証券市場で株式を発行し、または上場する場合、海外の証券市場で直接に株式または預託証券（ＤＲ）を発行し、上場するという直接上場方式もあれば、間接上場方式もある。[19] さらに、株式の間接上場方式には、国内企業が海外で株式会社を新規設立して、その会社の名義で株式を発行する方法と、直接に海外の上場会社を買収して海外上場会社へ転換する方法が含まれる。

中国の国有企業が海外上場会社へ改組される場合には、直接上場方式を用いる場合がほとんどである。すなわち、国有企業をまず株式会社に改組し、直ちに海外の証券市場で新株を発行することによって海外の上場会社への転換を果たす。その場合には、発起人の人数が五人以下であっても発起設立により株式会社を設立することが容認されている（特別規定六条）。

なお、海外上場会社の設立要件、設立手続および株式の発行・上場の要件は、国内上場会社への改組に比べてより厳格であるため、海外上場会社の候補企業推薦制度および改組手順が作られた。一九九六年六月一七日に、国務院証券委員会が「海外上場候補企業に関する推薦条件、手順および所要書類に関する通達」（「関于推荐境外上市预选企业的条件、程序及所需文件的通知」[20]）を発布し、候補企業の推薦条件、推薦手順および所要の書類等を規定した。また企業再編案の作成から海外上場会社の転換までの手順については、国家経済体制改革委員会が、一九九四年三月九日に、「海外上場会社の株式制改組作業手順」（「境外上市企業股份制改組工作程序」）（以下「作業手順」という）を公布している。以下では、前述の「通達」などに基づいて国有企業が海外上場会社へ改組されるまでのプロセスを概観する。

1　海外上場会社への立案申請

国有企業が海外上場会社へ改組される場合、申請企業は、海外上場候補企業としての資格を獲得するために、株式海外上場の立案申請をしなければならない。前述の「海外上場候補企業に関する推薦条件、手順および所要書類に関する通達」は、候補企業の推薦条件、推薦手順について以下のように定めている。

申請企業が候補企業として推薦される条件は次の通りである。申請企業の経営範囲が国の産業政策に合致し、株式公募により調達した資金の使途が明確である。企業の規模や経営業績については、申請企業は直近三年間連続して利益を上げ、改組後、上場会社へ組み込まれる純資産の総額が四億元を下回らず、税引後の純資産利益率は一〇％以上であり、しかも税引後の利益の金額が六〇〇〇万元に達する。海外証券市場で株式を発行して調達する外資の金額は四億元以上である（一項）。

海外上場会社への改組候補企業の推薦手順は企業の行政主管部門による推薦から始まる。申請企業は、企業の従属関係に従って、省レベルの政府または中央部・局の行政主管部門に対し海外上場会社への改組立案を申請する。企業の行政主管部門は、企業の申請を審査し、その申請を認可すれば、国務院証券委員会に対してその企業を推薦する。国務院証券委員会は国家の計画委員会、経済貿易委員会および経済体制改革委員会とともに四者協議を行ったうえ、候補企業を決定する。最後に候補企業の決定について国務院の承認を受ける（二項）。申請企業は、国務院の承認を受け、海外上場候補企業として決定されると、株式会社への改組作業へ進む。

一九九二年一〇月以来一九九九年六月までの間に、「海外上場候補企業」のリストは四回にわたって発表され、計七六社が候補企業として選定された。

2　企業再編および株式会社の設立登記

海外上場の立案申請が承認された後、申請企業は、株式会社へ改組されるための企業再編作業を始める。前述の「作業手順」によれば、企業再編から海外上場会社までのプロセスには、①企業再編および株式会社の設立登記、②新株を発行し、株式を上場させることにより上場会社へ転換させる、という二つの作業手順が含まれる。

企業再編から株式会社の設立登記までの作業には、①株式会社への改組案の作成、②資産の再評価の立案申請および企業資産の整理、③弁護士事務所や会計士事務所等の仲介機構による会社定款や企業再編報告の作成、④行政主管部門による企業再編報告書の審査、⑤発起設立による会社設立申請、⑥創立総会の招集、⑦株式会社登記申請などの手続がある。

このように、国有企業が海外上場会社へ改組される場合は、発起設立方式が用いられるため、企業再編から株式会社の設立登記までの手続は、国内上場会社への作業手順と多少異なっている。しかも、国内上場会社へ改組される場合、企業の行政主管部門が株式会社の設立申請を審査するのに対して、海外上場会社へ改組される場合は、いかなる企業であれ、国家経済体制改革委員会が株式会社の設立申請を審査する（作業手順五項）。

3　株式の発行・上場および上場会社への転換

国有企業が海外上場会社へ改組される場合には、国有企業が発起設立により株式会社へ改組された後、会社は直ちに海外証券市場において新株を発行・上場して上場会社へ転換される。会社は、設立登記を終えた後、証券規制機関に対して株式の発行・上場をするための申請手続を行う。具体的には、会社は、株式の発行計画を企画し、目論見書を作成し、それから国務院証券委員会およびＣＳＲＣに対し株式の発行および株式上場案を届け出る。それとともに会社は、非公募会社から公募会社へ転換するための手続を行い、企業の行政主管部門を通して国家経済体制改革委員会に対してこの転換申請の手続を行う（作業手順八項、九項）。

（1）　中国では、改革開放が始まってしばらくの間は、中国人民銀行は政府の金融機関としての役割を果たしていた。一九八四年に金融体制改革が行われ、業務の内容や融資先などによって中国銀行や中国工商銀行などの専業銀行が中国人民銀行のほかに設置された。その後、中国人民銀行は中央銀行を目指して変化してきた。一九九五年に「中国人民銀行法」が制定され、中国人民銀行の中央銀行の地位が法により確立された。

（2）　一九九八年一〇月に、ＣＳＲＣの職務権限、部門配置および定員数について国務院によって決められた際に、証券委員会が廃止された。万国華「わが国証券監督管理体制の若干法律問題について」（「論我国証券監管体制若干法律問題」）南開学報二号（二〇〇〇）四三頁。

（3）　柳随年「証券法（草案）に関する説明」黄来紀ほか編『証券法注釈と証券機関の運営』（『証券法析義与証券機関操作』）（上海社会科学院出版社、一九九九年）四頁。

（4）　万国華・前掲注（2）四四頁。

（5）　ＣＳＲＣ「公告」八号（一九九七）三五頁。

（6）　胡英之『証券市場の法律監督管理』（『証券市場的法律監管』）（中国法制出版社、一九九九年）七五頁。

（7）　ＣＳＲＣ「公告」（一九九七年七月）八一頁。

（8）　ＣＳＲＣ「公告」一〇号（一九九七年）一一頁。なお、株式発行総額の枠の使用については、必ずしもその年度内に使用することではなく、年度を跨って発行枠を使用してもよいという。

（9）　ＣＳＲＣ「公告」（一九九八年五月）六六頁。

（10）　「会社法」によれば、株式会社は株式を上場する場合、会社の株式総金額が五千万元を下回らないことが要求されている（一五二条）。

（11）　董輔礽「証券市場を念入りに培う」（「精心培育証券市場」）人民日報（海外版）一九九九年七月三日。

（12）　郭鋒『中国証券監督管理と立法』（『中国証券監管与立法』）（法律出版社、二〇〇〇年）二八〇頁。

（13）　李飛「証券法の適用範囲の問題をいかに確定するかに関して」（「関于如何確定証券法的調整範囲問題」）中国法

学二号（一九九九）二八頁。

(14)　九つの証券監督管理弁公室は、天津、瀋陽、上海、済南、武漢、広州、深圳、成都および西安に設置され、二つの直属事務所は北京と重慶に設置されている。人民日報（海外版）一九九九年七月三日。

(15)「中国証券市場の新たな発展段階」（「中国証券市場邁上新台階」）人民日報（海外版）二〇〇〇年一月二二日。

(16)「証券法」の適用範囲は狭く定められており、中国国内における株式または社債および国務院が法令に基づいて認可するその他の証券に限定されている（二条）。証券先物・オプション等の金融派生商品や海外において発行・取引される株式などは「証券法」の適用範囲から外されている。

(17)「康賽現象」とは、中国湖北省の康賽会社が関連したことに因んで名付けられた、株式の発行上場をめぐる金権汚職事件のことをいう。この事件では、ある企業が株式発行額の枠を獲得し、株式発行につき行政部門の許可を得るために、行政主管部門などに贈賄した事件である。この事件が大きな反響を呼んだのは、国家経済貿易委員会副主任などが巻き込まれたからである。人民日報（海外版）二〇〇〇年一二月二三日。

(18)　人民日報（海外版）二〇〇一年一月一三日。

(19)　ＣＳＲＣ「海外における国内企業の株式の公募および上場に関する問題の報告」（一九九三年四月九日）中国証券業務養成センター編『中国証券法規と会社運営規則』（『中国証券法規与公司運作規則』）（中国民主法制出版社、一九九七年）三四八頁。

(20)　中国証券業務養成センター編・前掲注(19)四〇七頁。

第四章　企業再編

企業再編は、国有企業の上場会社への改組プロセスにおいて最も重要な作業であり、国有企業が組織的に近代的な企業組織へ移行するための作業でもある。従来の企業管理体制のもとでは、国有企業は学校や病院や託児所など公共施設を持っているだけに、それを上場会社、とくに海外の上場会社へ改組するには、徹底した企業再編が強いられる。国有企業の再編は、企業組織の再構築をはじめ、資産および負債の分離、債権債務の処理、資産の再評価、財務会計および企業経営業績の計算、株主の構成、会社機関の設置等の面に及んでいる。

もっとも、中国では、公有制原則のもとに国有企業が株式会社へ改組されるという特殊性があるため、企業再編が行われる際には、改組後の株式会社における、国家株の設置およびその持株比率の設定や、国家株の株主としての権利行使および会社の役員任免などが、注目される点となっている。以下では、実際に国有企業が香港の証券市場の上場会社へ改組された事例を挙げながら、企業再編の主な内容を考察する。

第一節　企業再編の目的および意義

一九九四年三月公布の「株式制試行企業における国有株権管理に関する実施意見」（「股份制試点企業国有股権管理実施意見」）は、国有企業の企業再編について次のように定義している。企業再編とは、既存の企業が株式会社へ改組される場合に、企業の部分資産と負債をともに切り離して、二つ以上の企業法人を設立することをいう。これらの企業は、互いに財産所有関係を持ちながらも、それぞれ独立した企業法人であり、または財産所有関係を持たないそれぞれ独立した企業法人である（四項の（二））。

企業再編の目的は、「会社法」や「株券発行取引暫定条例」などに定められた条件を満たして、国有企業を株式会社に変更させ、さらに、国内または海外の証券市場の上場基準に合わせて、最も有利な条件で株式を発行・上場することにある。

前述の企業再編の目的からすれば、中国では、企業再編は以下のような意義を持つといえよう。

国有企業が、社会の複合的な組織から、利益を最大化する経済組織に変わる。これによって企業の経営方式の転換が図られる。

投資者を保護するという観点からすれば、情報開示が求められる。すなわち企業再編は投資者が企業の過去の経営業績、将来の見込みを的確に判断できる会計情報を提供できるように工夫しなければならない。しかもこのような会計情報の信頼性が法的に保証されていなければならない。すなわち、株式発行の目論見書などに開示された情報の真実性に対し、目論見書等の作成に関わる者が連帯責任を負わなければならない。法律や条例に適合させる。海外市場で株式を発行・上場する場合に、またその国の法律、条例および国際慣習に適合し、希望の証券市場の上場基準を満たさなければならない。法律問題としては、とりわけ株主平等原則の遵守、少数株主の保護、企業集団における上場会社（親会社がその会社の支配株主である場合）と他の親会社の子会社間での競業回避、取締役等の会社役員と会社間での利益相反取引の規制などが注目されている。投資者に株式を購入してもらうために、資本利益率、売上高（純）利益率といった企業の収益力を示す指標を上場基準に適合するようなものとする。

第二節　企業再編の主な内容

本節では、国有企業から改組された上場会社の事例を挙げながら、企業再編時の法律問題を考察する。

一　企業組織改組の方式

中国では、国有企業がどのように株式会社に改組されるかは、原企業の規模、資産状況および経営成績の状況などによって決められる。これまで実際に行われた事例を見る限り、単一の国有企業または国有の企業集団が株式会社へ改組される場合があれば、分社方式が用いられ、原企業が二つまたは二つ以上の会社に分社される場合もある。これらの方式は、法律上、一九九四年一〇月発布の「株式有限会社における国有株権

図1　全体移転方式による企業再編

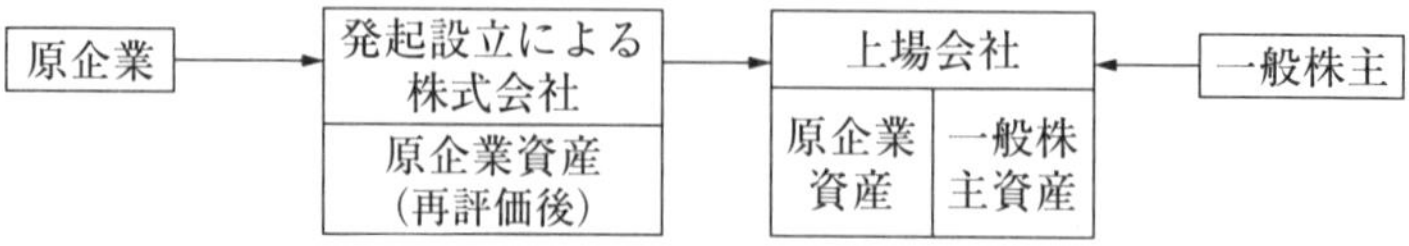

出典：大和証券株式会社ほか編『国有企業から海外上場会社へ——理論および実務』（中国社会科学出版社、1994年）44頁以下を参考にして作成したものである（図2、図3も同様である）。

管理暫定弁法」においても裏づけられている。この「暫定弁法」によれば、国有企業は資産のすべてを株式会社へ移転させてよく、または必要に応じて企業再編を行ってもよい（五条）。中国で国有企業が株式会社に改組される際に採用されている方式は、主として以下の通りである（1）。

1　全体移転方式

この方式では、原企業の資産が評価されたうえで、その全部が資本金として株式会社に移転される。一般に、この方式を用いた企業は、規模がそれほど大きくなく、経営業績が比較的よいものに限られている。

青島ビール国有企業はこの方式を用いて海外上場の会社に改組された。青島ビール国有企業は、もともと第一工場から第四工場まで四つのそれぞれ独立企業法人から構成されていた。企業再編が行われた時に、四つの企業にあった国有資産のすべてが、資産再評価がなされた後に、資本金として出資された。企業再編後の企業組織の変化は**図1**の通り示される。

2　分社方式

この方式では、資産の所有権者に属した原企業が二つまたは二つ以上の独立

図２　分社方式による企業再編

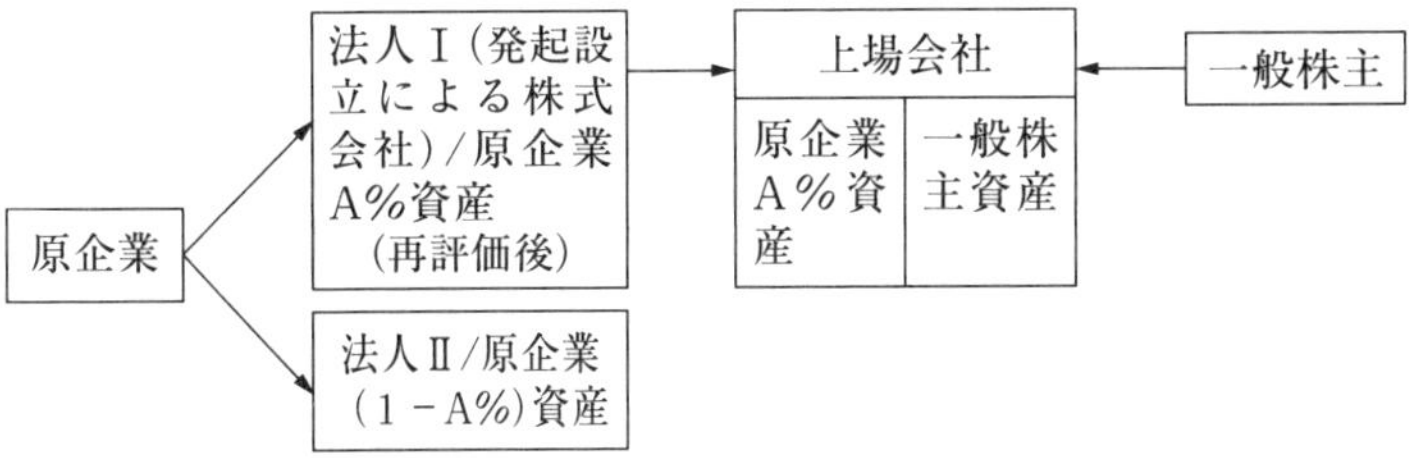

した企業に分社され、新たに設立された企業のいずれが、原企業の所有権者に属し、原企業が解散される。企業再編後の企業組織は図2の通り示される。

大型の国有企業はこの方式を用いる場合が多い。中国では、大型の国有企業は、営利事業部門のみならず、学校や病院や託児所といった非営利事業部門も持つ一つの小さい社会を構成する組織単位である。もし分社せずにそういった資産をそのまま株式会社へ移転させてしまうと、会社の資本利益率など指標が悪くなるため、株式を発行・上場して資金調達するのに影響が出がちである。したがって、企業再編が行われる際に、原企業がこの方式を用いて営利事業部門のみを株式会社へ移転させるのが普通である。上海金山石油化学工業総廠（公司）（以下上海石化総廠という）ではこの方式が用いられた。

上海石化総廠は、企業再編により海外上場の上海石油化学株式会社と上海金山実業公司に二分された。石油化学製品生産、いわゆる公司の事業に関わる資産が上場会社のほうへ移転された。残りの非事業部門の資産により、上海金山実業公司が新規設立された。非事業部門のうち、学校や病院や託児所といった社会事業に投資した資産は地元の政府に引き渡されるはずであったが、財政上、必要な費用が賄われなかったため、後にこの部分の資産は上海金山実業公司が委託を受けて管理することになった。分社後の二社は、いずれも法人格を持つ

図3　部分改組方式による企業再編

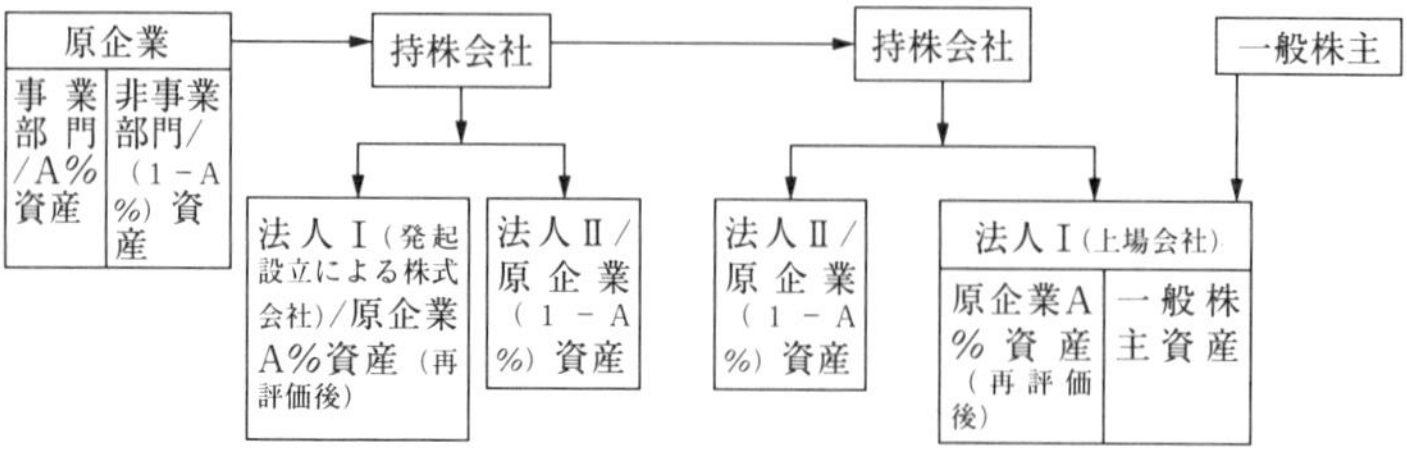

企業である。[2]

設立当時においては、上海石油化学株式会社の株主構成は次の通りである。中国石油化学総公司は国有資産をもって四〇億株を引き受け、発行済株式総数の六四・二%を占める主要株主となっている。海外の投資者は、外資株を一六・八億株保有し、発行済株式総数の二七%を占めている。ほかに国内の企業法人および一般投資家は五・五億株を保有し、発行済株式総数の八・八%を占めている。[3]

3　部分改組方式

これは、事業部門が原企業から分離され、株式会社に改組される方式である。他の非事業部門の資産により他の会社が設立される。原企業は、そのまま存続し、持株会社に変更され、株式会社の支配株主となり、また新設会社の持分を一〇〇%保有する。この方式では、原企業が持株会社方式へ変更するのが特徴であり、この点で分社方式と異なる。企業再編後の企業組織の変化は図3の通り示される。

馬鞍山製鉄所はこの方式を用いて企業再編を行った。企業再編前には、馬鞍山製鉄所は鉄鋼生産に関わる事業部門と非事業部門を合わせて六〇余り持っていた。企業再編により、鉄鋼生産に関わる三〇余の部門を分離して、馬鞍山鉄鋼株式会社が設立された。残りの鉱山、建築、設計等の二三の部門でもって、馬鞍山実業公司が設立された。馬鞍山製鉄所は、企業名称を変更せず、持株会社となった。それは上場会社の主要株主であり（持株比率：六二・五％）、また馬鞍山実業公司の一〇〇％の持分を保有する。

二　資産再評価の立案申請、資産の再評価および国家株の設定

国有企業が株式会社へ改組される場合には、手続上、国有資産の評価が資産再編の重要な一環となる。申請企業は、企業の国有資産を評価するための立案申請を行い、資産評価につき関係行政部門から承認を受けた後、具体的な資産評価を行う。ここでは、資産再評価の立案申請手続および資産の再評価について概観し、その後に国家株の持株比率の設定について述べる。

1　資産再評価の立案申請手続

中国では、一九九〇年以来、「資産調査および持分確定」いわゆる「清産核資」が政府の指導のもとで行われてきた。国有企業が株式会社へ改組される場合には、株式会社へ移転される国有資産に対して再評価が行われ、それが株式会社における国家株に換算される。そのために、一九九一年以後、国有企業の資産全般に対する資産調査をはじめ、株式会社へ移転される資産の評価、株式会社における国家株の管理に関して、多くの規定や条例が制定されている。

たとえば、「国有資産価値評価管理弁法」(「国有資産評估管理弁法」)(一九九一年一一月・国務院)をはじめ、「国有資産価値評価管理弁法施行細則」(「国有資産評估管理弁法施行細則」)(一九九二年七月)、「国有資産の財産所有権の確定および紛争処理に関する暫定弁法」(「国有資産産権界定和産権糾紛処理暫行弁法」)(一九九三年一二月)などが国家国有資産管理局により公布された。一九九二年にはまた株式制企業試行の法整備の一環として、「株式制試行企業における国有資産管理暫定規定」(「股份制試点企業国有資産管理暫行規定」)(一九九二年七月)、「株式制試行企業における土地資産管理暫定規定」(「股份制試点企業土地資産管理暫行規定」)(一九九二年七月)が、「規範意見」とともに関係部門により制定された。一九九四年に、「会社法」の施行に合わせて、前述の「株式制試行企業における国有株権管理に関する実施意見」のほかに、「株式有限会社における国有株権管理暫定弁法」(「股份有限公司国有股権管理暫行弁法」)(一九九四年一〇月)、「株式有限会社における土地使用権管理暫定弁法」(「股份有限公司土地使用権管理暫行弁法」)(一九九四年一二月)が公布された。これに伴って、前記の「株式制試行企業における国有資産管理暫定規定」と「株式制試行企業における土地資産管理暫定規定」は廃止された。

国有企業が株式会社へ改組される場合には、国有企業の資産のすべてに対し再評価が行なわれる(国有資産評価管理弁法二条二項)。このため、企業が、占有・使用している国有資産を株式会社に投資する際に、国有資産の再評価につき立案申請の手続をしなければならない。国有資産価値評価管理弁法とその施行細則は、国有資産の再評価の手順、再評価の方法等について詳細な規定を設けている。

国有資産の再評価の立案申請を審査・認可する行政部門は、国の国有資産管理部門である。「統一所有、分級管理、分業監督、企業経営」という国有資産管理体制のもとでは、国家国有資産管理局は、中央部・局に(4)(5)

直属する企業に対し審査・認可をし、地方政府レベルの国有資産管理部門は、地方政府の管轄下に置かれた国有企業に対し審査・認可を行う（施行細則二四条）。

資産の再評価を立案申請する企業は、国有資産の再評価についてその行政主管部門の承認を受ける必要がある。承認を得れば、申請企業は、同じレベルにある国有資産管理部門に対し国有資産の再評価の立案申請を行う（施行細則二六条）。立案申請の審査・認可については、国有資産管理部門のほかに、同じレベルの国有資産管理部門から授権または委任があった場合には、企業の行政主管部門もその立案申請を審査・認可することができる（国有資産評価管理弁法一三条）。

国有土地の使用権に関しては、その価値の再評価もまた「国有資産評価管理弁法」の管轄範囲内に置かれている（施行細則二一条）。現実には、国有企業が株式会社に改組される際の国有土地使用権の価値の再評価については、前記の一九九四年の「株式有限会社における土地使用権管理暫定弁法」にしたがって、国家土地管理局の管轄のもとに行われることになっている。

国有企業が海外上場の株式会社へ改組される場合に関しては、国有資産の再評価の立案申請手続が簡素化されている。国有資産および国有地使用権の再評価の立案申請については、地方政府の管轄下に置かれた企業は、地方政府に対し申請を行い、直接にその審査を受ける。中央部・局の管轄下に置かれた企業は、その行政主管部門に対し申請を行い、その審査を受ける。そのいずれの場合にも、申請企業の行政主管部門は、承認した後に、国家国有資産管理局および国有土地管理局にその結果を通知する。

2　資産の再評価

国有企業の資産価値を再評価する機構は、法人格を有するといった一般的条件に加えて、国有資産の評価につき国家国有資産管理部門の承認を受け、特殊な資格を持つものでなければならない(国有資産評価管理弁法施行細則一五条)。

国有企業が上場会社へ改組される場合には、原企業の国有資産の評価された価値は、株式会社における国家株の持分につながっている。そこで、その場合には国有資産の再評価を行う機構は、法人格を持ち国有資産管理局の承認を受けるという前述の条件に加えて、さらに国有資産の価値の再評価につきＣＳＲＣの承認を受けなければならない。国有企業の資産が再評価された結果は国有資産管理部門に報告され、その確認審査を受ける。これは、企業再編が行われる際に必ず行わなければならない手続である(施行細則四九条)。確認審査を受けた国有企業の純資産額は、後に、国家株または国有法人株を確定する根拠となる(施行細則五〇条)。

国有企業が株式会社に改組される際に、国有土地使用権の価値の再評価については、主として前記の一九九四年公布の「株式有限会社における土地使用権管理暫定弁法」にしたがって次のように行われる。

国有地の土地使用権(6)の価値を評価する機構は、国家土地管理部門の承認を受けて、国有地の評価資格を有するものでなければならない(施行細則二一条)。国有企業が上場会社に改組され、または上場会社が新規設立される場合には、国有土地の使用権の価値評価は、必ず格付けの一番高い、いわゆるＡクラスの土地評価機構によって行われなければならない(四条)。

改組され、または新規設立される株式会社が使用する土地の使用権は、その価値の再評価を受ける。再評価された土地使用権の価値は、またそれぞれ各レベルにある政府の土地管理部門の審査および確認審査を受ける。まず県または市レベルの政府の土地管理部門等が審査を行う（三条）。それから価値が再評価された結果については、一つ上の省レベル土地管理部門の確認審査を受ける。国務院の授権部門の認可を得て設立された株式会社の場合には、国家国有資産管理局の再確認審査を受け、省レベルの政府の認可を得て設立された株式会社の場合には、省レベルの土地管理部門の再確認審査を受ける（六条）。

3　国家株の設定

中国では、公有制原則のもとで株式制企業試行が行われ、国有資産が大量に残されているため、国有企業が株式会社に改組される場合には、国家株の保有機関、国有資産の株式への換算方法および国家株の持株比率の設定などが関心を集めている。

（一）　国家株の概念および保有機関

地方レベルの規定や一九九二年の「規範意見」では、株式は、株式の権利内容のほかに、投資主体別に分類されていた。しかも、企業株には、国有企業が留保資金を持ってそれを株式に換算した、いわゆる自社株式の性質を持つ株式が含まれている。「会社法」では、投資主体別による株式の分類方法が用いられていない。このような経緯を踏まえて、国家国有資産管理局が、一九九四年一〇月に「会社法」を実施するための規定として「株式有限会社における国有株権管理暫定弁法」を通達した。この「暫定弁法」によれば、国有株は、国家株と国有法人株に二分されている(二条四項)。自社株式の性質を持つ企業株は含まれておらず、これは概念として否定された。

この「暫定弁法」は、国家株の概念については、「規範意見」を踏まえて、「国を代表する投資機構または部門が国有資産をもって株式会社へ投資して形成した株式、またはこれらの機構と部門が法定の手続にしたがって獲得した株式である」と定めている(二条二項)。

国家株の管理については、一九九二年七月に国家国有資産管理局が通達した「株式制企業試行における国有資産管理暫定規定」は、「国有資産をもって投資を行った部門がその国家株を管理する」(原語：誰投資、誰管理)という原則を定めている(一二条一項)。「国家株の代表者」の派遣に関しては、次の方法が用いられている。国有資産管理部門が「国家株の代表者」を派遣させ、または投資会社および国有企業集団における持株会社などに委託して国家株の株主としての権利を行使させる。省レベルでは、国務院または省レベルの政府の認可を得て、省レベルの国有資産管理部門が、直接に「国家株の代表者」を派遣する(一三条)。

後に一九九四年一〇月、前述の「株式有限会社における国有株権管理暫定弁法」は、国家株の権利行使について、前記の一九九二年七月の「通達」を踏まえて、国家株を保有する授権投資機構が確定されるまでは、国有資産管理部門、またはそれが委託した他の機構または部門が国家株を保有すると規定した(一六条一項)。

なお、一九九三年六月に「会社法」の草案が審議された際に、国家株を保有する機構をめぐって、様々な意見が出されていた。主として以下のようなものがある。①国有資産管理部門が国家株を保有して「国家株の代表者」を派遣する。②原国有企業の行政主管部門が国家株を保有する。③原国有企業の経営者が国家株を保有する。④国有資産授権経営を通じて、国有資産を経営している持株会社が国家株を保有し、国に対して国有資産を経営して、その責任を負う。なお、実務ではこれらの方法のいずれかが用いられている。(7)

前述の一九九四年一〇月の「株式有限会社における国有株権管理暫定弁法」によれば、国有法人株とは、法人格を有する国有企業や国有事業法人、(8)その他の機関が法により占有・使用している法人財産をもって他の株式会社に投資して形成した株式、または法定の手続により取得した株式をいう（二条三項）。国有法人機関・組織が、投資主体として国有法人株を保有し、株主としての権利を行使する（一六条三項）。

（二）　国家株の換算および持株比率の設定

一九九二年当時においては、国有企業が株式会社に改組される場合には、国家株は、原国有企業における国有資産が評価されたうえ、株式に換算されて形成されたものであった。前述のように、国有資産の価値評価機構が、企業の国有資産を評価したうえ、その価値を確定する。確定された価値に基づいて、企業の帳面価値と国家資金との調整が行われ、調整後の純資産が国家株に換算される（株式制試行企業における会計制度四八条二項）。

国有企業が株式会社に改組される場合における国家株の持株比率の設定は、国の産業政策および公有制原則の維持に関わるものである。一九九二年六月一五日に、国家計画委員会と経済体制改革委員会が通達した

「株式制試行企業のマクロ管理に関する暫定規定」(9)は、株式制企業の試行が容認された産業・業種および国の持株比率の設定について、次のように規定している。①国の安全、国防に関わる尖端技術、戦略的な金属採鉱、国専売などの産業においては、株式制企業試行が禁止されている。国の産業発展の重点が置かれたエネルギー、交通運輸、通信等の分野においては、その試行が行われてもよいが、国が支配持株を保有しなければならない。②競争分野の産業、とくに資本および技術が集約した産業においては、政府が事情に応じて国の持株比率を設定する。ただ株式参加程度にしてもよいし、支配の持株比率を維持してもよい。③外国資本による株式投資については、基本的にそれを奨励するが、法律または法規に別途の定めがあった場合には、それを規制することができる。

一九九三年四月の「株券発行取引暫定条例」は、公募会社における国の持株比率の設定について、政府またはそれが授権した部門が決めると規定している(九条二項)。前記の一九九四年一〇月の「株式有限会社における国有株権管理暫定弁法」によれば、支配持株比率には、絶対支配の持株比率と相対支配の持株比率が含まれている。絶対支配の持株比率とは、国の持株比率が五〇%以上(五〇%を含まない)を維持することをいう。これに対して、相対支配の持株比率とは、国が三〇%以上、五〇%以下の持株比率を維持することをいう。

なお、株式会社における国の持株比率を計算するに当たっては、単一の機関・組織が保有する持株比率をもって国の持株比率を計算しなければならず、二つまたは二つ以上の機関・組織が保有する持株比率を合計して国の持株比率として計算してはならない(一一条二項)。

三　会社の機関設置

第二章で「会社法」の内容についてふれたように、株式会社の機関としては、株主総会、取締役会、代表取締役、経理および監査役会がある。それに加えて、現在の政治体制のもとでは、株式会社も、共産党の基層組織を設置することになっている。これに対して、国有企業の企業内部管理体制は、一九八八年四月に制定された「全人民所有制工業企業法」(以下「企業法」という)によって決められ、主として従業員代表大会、労働組合委員会および共産党基層組織の委員会が設置されている。これがいわゆる国有企業における「三つの会」であり、株式会社の株主総会、取締役会および監査役会の「三つの会」が「新三会」とも呼ばれているのに対して、「旧三会」とも呼ばれている。

国有企業の株式会社への改組が行われ、会社の機関が設置される際に、このような「新三会」としての会社の機関と「旧三会」としての国有企業の内部管理組織との関係をどのように調整するか、とくに会社の取締役会と共産党の基層組織との関係をどのように調整するかは、株式会社の実際上の運営に大きな影響を及ぼす。これらは、また会社における共産党の基層組織が果たす役割および共産党の企業幹部人事制度に関連する重要な問題であるがゆえに、企業再編において最も注目される点の一つとなっている。

ここでは、企業再編という点から、実務の事例を挙げながら、一九七八年企業制度改革以来の企業内部管理体制の変遷を考察する。会社機関設置の調整、会社における共産党の基礎組織の役割および企業幹部人事制度と株式会社の機関運営との関係については、第六章で検討することにする。

中国では、一九七九年企業制度改革が始まった時点においては、国有企業の内部管理体制について党委員会指導下の工場長責任制が実施されていた。[10]この体制は、企業における共産党組織と工場長との密接な関係を特徴とするものであり、党委員会が行政、工場長などを全面的に指導する一元的権力機構である。すなわち企業の党委員会は企業の中層レベルの幹部人事権をはじめ、企業の重大問題に関する重要事項の審議・決定権を握っていた。企業長は党委員会の意思決定を実行し、日常的な生産管理システムを指揮する。[11]

その後、企業の経営自主権が拡大されるにともなって、この管理体制は、徐々に工場長を中心とした工場長責任制へ転換された。一九八三年四月一日に国務院によって公布された「国営工業企業暫定条例」においては、国営企業は法人であり、工場長は法人の代表者であると規定されている(二条一項、八条前段)。一九八四年に、大連、常州、北京および上海などの地区において工場長責任制を試行することが国務院によって決定された。[12]一九八四年一〇月の共産党第一二期三中全会の「決定」では、工場長責任制を実行してこそ、効率的な生産・経営管理システムに対応できると強調し、企業における党委員会の役割について、党と国家の方針・政策の貫徹執行を「保証・監督」すると規定されている。[13]これをきっかけに、工場長が企業の生産・経営を統一的に指揮した工場長責任制が全面的に広げられるようになった。

これを受けて、一九八六年には、全人民所有制工業企業における工場長、従業員代表大会および共産党組織に関する三つの条例が政府によって制定された。とくに共産党組織に関する条例においては、党委員会の書記が工場長を兼任してはならないと明記されている。[14]

一九八八年に公布された「企業法」は、企業の内部管理体制に関して次のような規定を置いている。企業は従業員代表大会等の形を通じて、民主管理を実行しなければならない(一〇条)。従業員代表大会は、企業の民主管理の基本的な形式であり、従業員は従業員代表大会を通じて権利を行使する。労働組合は、従業員代表大会の業務機構である(五一条)。ほかに、国有企業には共産党基層組織の委員会が設置され、これが共産党および国家の方針等の執行を保障する（八条)。

「企業法」は、前述の企業内部管理体制を前提としつつ、工場長責任制を実行すると規定している（七条)。すなわち、工場長は企業の生産、経営管理につきすべて国家から委託され、そして国に対して責任を負う。それゆえに、企業は、工場長を中心とした生産経営システムを打ち立てている。工場長は国有企業の法定代表者であり、企業内において中心的な地位を占め、企業の生産経営などに対して全面的に責任を負う。また工場長は、企業の各種の計画決定、企業機構の設置、副工場長レベルの企業幹部の任免および招聘、賃金調整案および報奨金分配案の提出、法による従業員に対する賞罰などに関する権限を有する（四五条)。

その後、国有企業における党委員会と工場長との関係、党委員会の役割は、社会政治情勢の変化および経済体制改革に関する共産党の基本方針の転換にともなって微妙に変化してきた。

「天安門事件」後の一九八九年八月に出された「党の建設を強化することに関する通達」では、工場長責任制のもとで共産党組織は「政治的核心」としての役割を果たすとされ、また党委員会は工場長を補佐するため、企業の重大問題についての討議に参加し、意見を述べるとされている。(15)

一九九三年一一月に、「社会主義市場経済体制」の樹立が打ち出された後、工場長責任制を中心とした企業内部管理体制が再び強調された。その際に、企業における党委員会の役割については、前述した一九八四年一〇月の「決定」の方針が踏襲され、党と国家の方針・政策の貫徹執行を「保証・監督」することに限定するとされている。[16]

一九九四年九月の共産党第一四期四中全会において採択された「党の建設を強化することに関する若干の重大問題に関する決定」と一九九七年一月に共産党中央委員会によって出された「国有企業の党の建設をさらに強化し改善する活動に関する通達」では、いずれも企業における共産党組織の「政治的核心」としての役割が強調された。とりわけ、後者では、企業の経営者は、重要な意思決定を行う前に必ず企業内の党委員会の意見を聴取し、その意見を尊重するとされ、また、機関設置については、党委員会と経営陣の構成員を兼任させてもよいと規定している。[17]さらに、共産党第一五大会の「決定」では、企業の共産党組織の役割について、党と国家の方針・政策の貫徹執行を「保証・監督」するに止まらず、「企業指導グループの建設をしっかり行い、政治的核心としての役割を発揮させる」と強調されているところから、党委員会の役割を無限定にしている。[18]

こうして、企業における共産党組織の役割は、一九九三年から一九九七年にかけて党と国家の方針・政策の貫徹執行を「保証・監督」するという状態から次第に企業の生産経営の意思決定に参加する方向へ変化してきた。その背景には、国有企業の構造転換によってレイオフされた者や失業者が増え、社会不安が増していること、企業の経営者に対する監督が弱まって、企業の経営者による汚職事件が多く摘発されていることがある。それゆえに、企業において共産党組織による「政治的核心」の役割と経営者に対する監督の役割を果たす要請が強められてきた。[19]

実務では、国有企業が株式会社へ改組される場合には、会社の機関設置は、共産党の基層組織が会社の重大経営決定に参加するという方針に基づいて行われている。共産党の基層組織と株式会社の機関との関係については、多くの場合、共産党組織の幹部と会社の役員が相互に兼任しあうという形が模索された。たとえば、馬鞍山鉄鋼株式会社では、共産党組織の書記は代表取締役副会長を兼任し、会社の代表取締役または経理は共産党組織の副書記を兼任した。また共産党組織の規律検査委員会の委員長は監査役会の代表を兼任し、労働組合の幹部は監査役を兼任した[20]。

一九九七年には、一九九八年より三年間で国有企業を経営の困難な状況から脱却させるという方針が出された。その後、共産党および政府の要人は、頻繁に国有企業を視察した。彼らは各地で企業幹部らと座談会を開いたりした際に、国有企業改革に関して重要な方針を打ち出した。たとえば、一九九九年八月に開かれた座談会においては、江沢民総書記が、企業統治機構の構築は会社制度の中心に据えるものであると指摘し、しかも、国有独資有限会社または国有持株会社に限っては、機関設置の際に党委員会と経営機関との関係について、兼任する（原語：双向進入）という原則を打ち出した。すなわち、党委員会のメンバーが法的手続を踏まえ、取締役会または監査役会の構成員になり、党員である取締役や監査役も党委員会のメンバーになる。党委員会の責任者と代表取締役の役は一人で兼任してもよい[21]。

その後、すぐに開かれた共産党第一五期四中全会の「決定」においては、これらの方針を踏まえ、取締役会に重要事項を統一的に決断する役割を発揮させることが明確にされた[22]。

こうして、市場経済化が進み、ＷＴＯ加盟後の競争環境のもとで、効率的な企業経営が大いに重視されるようになった。それにともなって、国有企業制度改革の難問の一つである共産党組織と経営機関との関係についても、共産党が「政治的核心」の役割を果たし、「党が幹部を管理する」といった原則を維持しつつも、「双向進入」の原則を通じて、経営機関が企業経営の重要事項に関して決断を下す方向へ進むことでついに決着が付けられたといえよう。

四　競業および子会社間の利益相反取引の処理について

前述のように、中国では、大型国有企業の多くは、分社方式または部分改組方式により再編され、原企業が上場会社の部分とそれ以外の部分に二分される。たとえば前述した馬鞍山製鉄所の事例で見られたように、部分改組方式により再編されると、原企業は存続し、持株会社になって、馬鞍山鉄鋼株式会社の支配株主となり、また馬鞍山実業公司の持分を一〇〇％保有する。この場合に、子会社間で事業の内容が競合すると、理論的に考えれば、親会社が支配株主の地位を利用して、子会社間で利益を移転させうる。これに加えて、子会社の間に取引関係が存在していたり、会社の役員等が会社と競合事業を行っていたりすれば、会社の株主の利益が損われる恐れがある。そこで、企業再編が行われる際に子会社間で事業競合が問題になりそうな場合は、上場会社の株主の利益、とくに少数株主の利益を保護するために、競業および利益相反取引に関して、上場会社の支配株主および会社の役員等に対し規制を加える必要がある。

「会社法」では、競業および利益相反取引の規制について次のような規定が置かれている。会社の取締役、経理は、在任中の会社と同種類の営業を自分または他人のために経営し、または自社の利益を害する活動をしてはならない。このような営業または活動を行った場合、その所得収入を会社に帰属させなければならない。利益相反取引に関しては、会社の取締役、経理は、会社の定款規定または株主総会の承認を得た場合を除き、自社との契約締結および取引をしてはならない（六一条）。

国有企業が、海外の上場会社へ改組される際には、海外の証券規制機関の審査を受け、その市場の上場基準を満たさなければならない。そこで「会社法」の内容を補充した「特別規定」およびそれに基づいて制定された「海外上場会社の定款における強制条項」（以下「強制条項」という）において、より詳細な規定が置かれている。

「強制条項」は海外上場会社の第二定款とも呼ばれている。「強制条項」では、会社の役員およびその他の管理スタッフに関する資格と義務が規定されているうえに、競業避止を義務付けられる者の範囲が幅広く規定されている。すなわち会社の役員等はもとより、彼らの配偶者および未成年者等、上場会社の親会社、および親会社に支配されている子会社の役員等も規制の対象となっている（一一七条）。それに加えて、会社の役員等が直接または間接的に自社と契約を締結し、または取引をした場合、契約や取引の内容について取締役会に報告し、それらに関連した情報を開示しなければならない（一二〇条一項）。

実務では、国有企業が再編される際に、企業が海外市場の上場認可を得るために、競業および利益相反取引に関して、会計士事務所、弁護士事務所等の仲介機関を通じ、証券市場の規制機関との間で交渉が行われることによって、解決策が見いだされている。その場合には、およそ次のような対策が講じられている。

① 企業再編の際に、競業になりそうな事業は上場会社に編入しておく。前述の上海石化総廠の事例に見

られたように、主事業に関わる資産が上場会社の上海石油化学株式会社へ移転され、他の非事業部門の資産が上海石化総廠の一〇〇％子会社の上海金山実業公司へ移転される。ほかに、競業部分の資産を売却することも、子会社間の競業を回避する一方法である。

② 上場会社の国家株の保有機関を調整する。中国では、国家株の保有機関が国の授権投資機構であれ、国有資産管理部門、または委託された機構であれ、そのいずれもが国家株の株主としての権利を行使する部門であるため、どの機関が国家株を保有するかをある程度調整することができる。たとえば、中国の国有資産管理体制および企業管理体制のもとでは、中央部・局に直属した国有企業の企業再編が行われる際に、企業の行政主管部門である業種総公司が会社の国家株を保有する場合が多い。しかし、業種総公司はまた他の同業種国有企業の国有資産の所有権の管理職能を果たしていることが多く、こうなると、上場会社と他の企業が競業関係に立つ確率が高くなる。そこで、上場会社と他の企業間での競業を回避するための一方法として、上場会社の国家株の保有機関を調整し、国有資産授権経営等により、下位にある機構または部門に国家株を持たせることがある。

③ 上場会社の国家株の保有機関を調整しにくい場合には、上場会社の支配株主と海外証券市場の規制機関との間で交渉し、特別条件を付けることにより解決を図る。たとえば、上海石化総廠の場合、中国石油化学総公司は上海石油化学株式会社の国家株のほか、同業種の大型国有企業(上海石油化学株式会社の競争の相手)の持分を保有している。このような現状を変えるのは困難であって、上海石油化学株式会社の国家株の保有機関の調整が付かなかった。そこで上海石油化学株式会社の定款には、少数株主の保護に関する特別規定が

組み込まれた。それとともに、株式上場の目論見書に、中国石油化学総公司は会社の取締役会に会社経営を任せ、会社の経営権を拡大し、市場における公平な待遇を確保するといった内容が明記された。これによって上海石油化学株式会社は、株式の発行・上場について香港市場の証券規制機関から上場認可を得た。

子会社間の利益相反取引について、子会社間で交渉が行われ、仲介機構を介入して公正な取引価格を設定することにより解決が図られることもある。たとえば、馬鞍山製鉄所の場合、企業再編が行われた結果、企業の生活基盤、サービスの提供等に関連した施設などが馬鞍山実業公司へ編入された。馬鞍山鉄鋼株式会社はそれらのサービスの提供について馬鞍山実業公司に頼ることになる。そこで二つの会社間の計六〇余りの取引項目が一五種類に分類され、項目ごとに国の価格規準または市場価格に基づいて価格が設定されることとなった。そのうえ、サービス提供の内容、支払条件などについても、海外の会計士事務所等の仲介により協議して決めるものとされた。(23)

五　資産と債務の分離および債務の処理

1　資産分離

前述したように、全体移転以外の方式により国有企業が上場会社へ改組される場合には、新株を発行・上場する目的を達成するために、原企業の事業部門と非事業部門の資産を分離させることが必要である。企業が上場会社へ改組されるまでのプロセスにおいては、原企業の資産は一般に二回に分けて分離される。一回目では、事業部門と非事業部門の資産が分離される。従来の国有企業が果たす機能から見れば、これは、原企業から非事業部門の資産が分離されることにより企業の果たす職能が純化され、国有企業が営利性を求める経済組織へ変容することを意味する。二回目では、事業部門の資産がさらに株式会社へ移転する部分と移転しない部分に分けられる。これは、主として株式を発行・上場するという目的に合わせて、事業部門の資産を分離する作業である。

一般に事業部門の資産は、事業に使用されている部分と、建設中の資産など未使用の部分に分けられる。会社の当期利益が一定であるとすれば、後者の資産が株式会社へ組み込まれると、それだけ会社の資本利益率が低くなり、株式を発行・上場するのに不利である。したがって、事業部門の資産をさらに分離させるか否かは、株式の発行・上場を優先させ、会社の「資本利益率」（資本利益率（%）＝利益／資本×一〇〇）、「総資本（純）利益率」（総資本（純）利益率（%）＝当期（純）利益／総資本（期首・期末平均）×一〇〇）、「株価収益率」（PER）（株価が一株利益の何倍まで買われたかを示すもの）（株価／一株当たり利益）といった会計指標の調整に合わせて決められる。(24)

中国では、国有企業が海外上場の株式会社へ改組される場合に、資本利益率、売上高（純）利益率といった企業の収益力を示す指標が一定水準以上であることが求められている。たとえば、国務院証券委員会による一九九六年六月一七日付けの「海外上場候補企業に関する推薦条件、手順等に関する通達」では、海外上場候補企業の実質的な要件として、資産の再評価が行われた後、自己資本当期利益率（自己資本当期利益率＝当期利益／純資産×一〇〇）が一〇%以上であり、当期利益（税引き後利益）は六〇〇〇万元以上であることが必要とされている。

2　債務の処理

債権者を保護する観点からは、会社の自己資本の充実が求められる。なお、自己資本に対する負債の割合を示すのは負債比率（負債比率（%）＝（流動資産＋固定負債）／自己資本×一〇〇）である。「株券発行取引暫定条例」によれば、国有企業が株式会社へ改組される場合に発起人が株式を公募する際の一条件として、直前事業年度末において総資産に占める純資産の割合が三〇%以上で、かつ純資産に占める無形資産の割合が二〇%以下であることが求められている（九条）。

国内上場または海外上場の会社へ改組される企業の候補となるのは、一般に、規模が大きくて一定の収益力のある企業である。このような企業においては、設備投資を行い、新規事業を起こすことにより負債比率が高くなる場合が多い。実務では、企業再編を行う際に、前述の負債比率の規定に適合するため、自己資本を増やすか、負債を他の非上場企業へ移転させるかのどちらかの方法により対策を講じている。自己資本を増やす方法としては、新株を発行して資本金を増やすか、または新たに調達した資本金をもって会社の債務の返済に当てて負債比率を下げること等が考えられる。

六　会計財務および業績計算

1　会計財務

資産の再評価が行われた後、企業の会計財務処理の作業が行われる。一九九二年以来、中国の企業会計制度が国際的な会計原則とリンクされるに伴って会計財務制度が整備されてきた。「株式制試行企業会計制度」

（一九九二年五月二三日、財政部、国家体制改革委員会）が公布された後、国際的な会計原則に準拠した「企業会計準則」および「企業財務通則」が一九九二年一一月三〇日に公布され、一九九三年七月一日より施行された。「企業会計準則」および「企業財務通則」はいずれも中国の国内企業のすべてに適用される。一九九三年以後、中国企業の海外上場および新会計制度の施行に伴って、多くの通達が財政部により出されてきた。

株式制試行企業に適用される会計制度に関しては、一九九三年七月二二日に財政部は、「株式制試行企業の会計制度の適用に関する通知」（「関于股份制試点企業如何執行新会計制度的函」）（〔九三〕財会二字第四九号）を出している。それによると、国内上場企業および香港上場企業に適用される会計制度は次の通りである。

国有企業が国内上場の株式会社へ改組される場合には、当該企業は、「企業会計準則」および「企業財務通則」のほか、「株式制試行企業会計制度」に基づいて公表すべき財務諸表を作成しなければならない。公表すべき財務諸表には貸借対照表、利潤表、財政状態変動表および関連の明細表が含まれる（七一条）。

国有企業が香港上場の株式会社へ改組される場合には、当該企業は、「株式制試行企業会計制度」に加えて、財政部により出された多くの補充規定が適用される。これらの補充規定には主として次のようなものがある。すなわち「株式制試行企業株券香港上場に関する会計処理問題の補充規定」（「股份制試点企業股票香港上市有関会計処理問題的補充規定」）（一九九二年一一月二日〔九二〕財会字第五八号）、「株式制試行企業株券香港上場財務諸表の関連項目に関する調整意見」（「股份制試点企業股票香港上市会計報表有関項目調整意見」）（一九九三年四月二七日〔九三〕財会字第一八号）、「香港上場株式制試行企業の会計制度の適用等に関する通知」（「関于香港上市的股份制試点企業執行何種会計制度等問題的通知」）（一九九三年四月二八日〔九三〕財会字第一九号）、「株式制試行企業の新会計制度の適用に関する若干問題の規定」(「股份制試点企業執行新会計制度若干問題的規定」)(一九九三年六月七日〔九三〕財会字第二八号)である。

国有企業が国内上場の会社へ改組される場合には、企業の会計財務の業務担当者は、中国の会計士事務所および公認会計士に限られている。国有企業が海外上場の会社へ改組される場合には、株式の海外の発行・上場に関わる業務担当者は、海外の証券規制機関により認可された会計士事務所および公認会計士でなければならない。それに加えて、海外上場の会社に限って、企業は国内および海外の会計士事務所および公認会計士に依頼することができるが、国有企業から株式会社への改組業務は、必ず中国の会計士事務所および公認会計士が行わなければならず、株式の海外上場に関わる業務は、海外の会計士事務所および公認会計士が行ってよい(「国内登録会計士の国内企業の海外上場の業務執行に関する若干規定」(「関于国内注冊会計師執行国内企業境外上市有関業務若干規定」)一九九四年五月七日〔九四〕財会協字第八号)。

2　業績計算

企業の経営業績の計算内容は、企業の株式の発行・上場の要件に応じて決められ、一般に企業の直近三年間連続して利益を計上することが求められる。「株券発行取引暫定条例」によれば、国有企業が株式会社へ改組される際に株式を公募する要件の一つとして、企業が直近三年間連続して利益を計上することが求められている(九条)。これはまた株式上場の要件ともなっている(株券発行取引暫定条例三〇条、会社法一五二条)。

現実には、国有企業が海外上場の株式会社へ改組される場合には、中国の会計基準に基づいて会計財務諸表が作成される。前述のように、一九九〇年以来、「企業会計準則」、「企業財務通則」、「株式制試行企業会計制度」および多くの補充規定が作られたため、中国の会計基準と国際的な会計原則との差異は確かに縮まりつつある。それにもかかわらず、次のような問題が残されている。たとえば、従来、国有企業は、原材料を購入したときに、購入価格において政府から補助金を受けるのが普通であった。国有企業が株式会社へ改組されると、これらの優遇策が取り消されうるため、国有企業の過去業績に対して適当に調整する必要がある。ほかに、為替計算、固定資産の原価償却率などにつき中国の会計基準と香港および国際会計原則との差異がなお存在しているので、中国の会計基準にしたがって作成された会計財務諸表に対して、再度調整が行われることがある。[25]

(1)　大和証券株式会社ほか編『国有企業から海外上場会社へ――理論および実務』(『従国有企業到境外上市公司――理論与実務』)(中国社会科学出版社、一九九四年)四三～五一頁。
(2)　張新文編『株式会社の設立と国内外上場の手引き』(『股份公司設立与境内外上市運作』)(経済管理出版社、一九九五年)一八五頁、大和証券株式会社ほか・前掲注(1)一一頁。
(3)　張新文・前掲注(2)四一二頁。
(4)　一九九三年一一月の共産党第一四期三中全会の「決定」においては、国有資産管理に関して「統一所有、分級管理、企業経営」という原則が打ち出された。すなわち国務院は国家の行政最高機関であり、国を代表して国有資産の所有権者としての職能を統一して行使し、中央部・局や地方政府はそれぞれ国務院から授権され、授権された国有資産の監督管理に当たる。国有資産の商品としての属性が次第に認められているなかで、国有企業が国有資産を経営してその価値の維持・増殖を担うようになった。一九九四年公布の「国有企業財産監督管理条例」は、この原則に「分業監督」（原語：分工監督）という内容を書き加えた。現実には、一九九三年以後、国有資産の流失問題が多発しているため、国有企業の経営者に対して監督管理を強化する声が高まってきた。そこで、一九九九年九月の共産党第一五期四中全会の「決定」は、再びこの原則を強調したのである。

（5）国家国有資産管理局は、一九八八年にもっぱら国有資産の監督・管理の職能を果たす行政機関として設置され、政府の財政部の管轄下に置かれたが、一九九八年三月に中央省庁の再編成が行われた後、廃止された。

（6）中国の土地制度では国有地については、土地の所有権と使用権とが分離され、土地の所有権は国有に属し、土地の使用権は払い下げの対象となり譲渡される。

（7）卞耀武「『中華人民共和国会社法（草案）』に関する意見の報告」（「関于対『中華人民共和国会社法（草案）』意見的匯報」）（一九九三年六月二二日）黄来紀ほか編『会社法疑問応答と会社設立の経験』（『公司法答疑与組建公司経験』）（世界図書出版会社、一九九五年）三六〇頁。

（8）中国では、生産と経営を営む国有企業を企業法人といい、国の出資により設立された研究機関等を事業法人という。

（9）張新文・前掲注（2）五八一頁。

（10）中国研究所編『中国年鑑』（大修館書店、一九八五年）二四七頁。

（11）上原一慶「国有企業改革と労働者」中兼和津次編『現代中国の構造変動（2）――経済：構造変動と市場化』（東京大学出版会、二〇〇〇年）二四〇頁。

（12）王保樹＝崔勤之（志村治美編監訳）『中国企業法論』（晃洋書房、一九九二年）九六頁。

（13）中国研究所編・前掲注（10）一四三頁。

（14）田中信行「中国会社法の隠れた問題点」ジュリスト一一七四号（二〇〇〇）六四頁。

（15）田中・前掲注（14）六四頁。

(16) 上原一慶・前掲注(11)二四三頁。
(17) 上原一慶「国有企業改革に立ちはだかるこれだけの難関」世界週報（一九九八）一二頁。
(18) 上原・前掲注(11)二四四頁。
(19) ここ数年、国有企業による内部者支配の問題が深刻となり、経営者に対する監督が弱まったため、国有企業の経営者が企業の大金を逃げ出した事件の摘発が百件を超えている。張卓元「一五大会報告の具体化および新発展」（「一五大報告的具体化和新発展」）経済研究一〇号（一九九九）五頁。
(20) 張新文・前掲注(2)四一六頁。
(21) 江沢民「確信をもち改革を深化し国有企業発展の新局面を打開する――東北、華北地区国有企業改革に関する座談会における講話」（「堅定信心深化改革開創国有企業発展的新局面」）法制日報一九九九年八月一三日。
(22) 「国有企業の改革と発展若干の重要問題に関する決定」北京週報四二号（一九九九）二三頁。
(23) 張新文・前掲注(2)四一七頁。
(24) 企業の経済指標を示す式はいずれも日本証券業協会編『証券外務員必携(三)』（日本証券業協会、一九九四年）一九七頁以下参照。
(25) 大和証券株式会社ほか・前掲注(1)八八頁。

第五章　株式の流通市場

効率的な株式会社の運営は、株式市場のあり方に依存するところが大きい。中国の株式制企業試行において、国有企業から改組された株式会社の運営は、現段階における中国の株式市場のあり方から大きな影響を受けているところから、本章では、中国の株式市場の現状を考察する。以下では、中国の株式流通市場の概況および国家株の現状について述べ、その上で「規範意見」が株式の二重分類基準を設け、株式流通市場を分割した原因、および国家株の譲渡が規制された原因を考える。

第一節　株式流通市場の現状

一九九二年公布の「規範意見」では、株式の投資主体に基づいて株式が分類されていた。中国の株式流通市場は別扱いされている。すなわち中国の国内投資者に向けて発行された株式（A株）のうち、国家株の流通が規制されており、かつ、国有法人株と個人株の流通市場が分割されている。A株と人民幣特種株式（B株）の流通市場もまた、分割されている。「会社法」は、投資主体による株式の分類方法を取らず、かつ原則として株式の自由譲渡を認めた。しかし、現実には、株式の流通市場の分割および国家株の譲渡規制などの問題は、基本的には一九九二年の「規範意見」のもとで運営され始めた状態のままに残されている。中国の株式の流通市場は、上海、深圳に開設されている証券取引所をはじめ、全国各地にある証券取引センター、店頭市場のネットワークのSTAQSとNETSにより構成されている。A株のうち、個人株は、株式制企業試行が始まって以来、当初は店頭市場で売買取引が行われた。

第一章で述べたように、一九八四年に入ってから、株式発行による資金調達が盛んになり、同年の一一月に、上海飛楽音響株式会社により、株式の公募方式も用いられるようになった。株式の発行に伴って、株主から株式の売買取引が求められた。このような需要に応じるために、上海市は、前述の「株券発行に関する暫定管理弁法」(一九八四年七月)と「株券発行の代理業務に関する暫定規定」(一九八四年九月)を公布し、続いて、一九八七年一月に「証券店頭における取引に関する暫定規定」を公布したのであったが、これらの規定によれば、株主が、株式を譲渡する際には、以下の二つの方法を用いることができるとされた。①自ら株式の譲り受け相手を見付けて、譲渡価格を話し合いで決める。②金融機関の信託部に株式の譲渡を依頼する。いずれの場合にも、株式の取引は、現物に限られ、株式発行を代理した金融機関の信託部で譲渡の手続が行われる(株券発行に関する暫定管理弁法四項)。具体的な株式の譲渡手続としては、株式取引の双方が、株券の裏書き欄に署名し、「株券譲渡申請書」を合わせて金融機関の信託部に提出する(株券発行の代理業務に関する暫定規定五項)。上海市では、一九八六年末現在で、このような手続により譲渡された株式は、合わせて一一四五三株であり、当時、公募により発行された株式総額の約一〇%を占めていた。(1)

一九八六年九月に、中国工商銀行上海市分行静安区営業所の信託部は、改革が開始された後の最初の株式店頭市場として、延中実業株式会社と飛楽音響株式会社二社の株式の売買取引を開始した。その後、株式制企業試行の規模が拡大され、株式会社数が急増し、全国的な統一市場の形成が求められてきた。そこで、一九九〇年三月に、国務院の決定により、上海市と深圳市は、株式制企業試行における株式の発行と取引の試行都市として指定された。同年一二月には、上海証券取引所が設立されて営業を開始し、また翌年七月には、深圳証券取引所が設立され、営業に入った。

上海と深圳の両証券取引所は、開設以来急速に発展している。一九九〇年、両証券取引所に株式を上場した会社は僅か一〇社であった。二〇〇〇年一一月現在では、両証券取引所の上場会社数は一〇六三社に、上場されている株式の時価総額は四兆六〇〇〇億元に達しており、中国のＧＤＰの五〇％を占めている。(2) 二〇〇一年二月一九日現在、両証券取引所の上場会社数は一〇七七社に達している。(3) 両証券取引所における上場会社数の推移は**表1**、国民経済に占める両証券取引所（株式市場）の規模推移は**表2**の通りである。

もっとも、ここ数年は、私営企業や外資系企業が成長してきた。私営企業、とくにハイテク関連の私営企業からは株式市場を通じて資金を調達する要求が次第に強まってきている。第四章で述べたように、「証券法」が施行された後は、株式発行について従来の国有企業の株式会社への改組を配慮した制度が見直され、私営企業なども平等に扱われることになった。それにともなって、私営企業向けの市場を新設することが必要になってきた。さらに、ＷＴＯ加盟を控えているなかで国内の株式市場を整備することもますます強く求められるようになった。そこで、上海と深圳の両証券取引所の統合に加えて、ベンチャー向けの第二市場の創設

表１　上場会社数の推移

	合　　計	上海証券取引所	深圳証券取引所
1990	10	8	2
1991	14	8	6
1992	53	29	24
1993	183	106	77
1994	291	171	120
1995	323	188	135
1996	530	293	237
1997	745	383	362
1998	851	438	413
1999	949	484	465
2000	1,063		

注）2000年の上場会社数は11月末現在の数字である。

出所）『中国統計年鑑（2000年）』（中国統計出版社、2001年）643頁。人民日報（海外版）2000年12月３日。

表２　上海と深圳の両証券取引所における株式市場規模

	株式時価総額（億元）	Ａ株（億元）	Ｂ株（億元）	GDP（億元）	GDPに占める時価総額の割合　（%）
1993	3531	3319	212	34624.4	10.1
1994	3691	3516	175	46759.4	5.4
1995	3474	3311	164	58478.1	5.9
1996	9842	9449	394	67884.6	14.5
1997	17529	17154	375	74462.6	23.5
1998	19506	19299	206	78345.2	24.9
1999	26471	26168	304	81910.9	32.3
2000	48000			84210.5	57.0

注）2000年は12月26日現在の数字で、海外証券市場において調達された金額が含まれていない。

出所）『中国統計年鑑（2000年）』（中国統計出版社、2001年）53頁、644頁。人民日報（海外版）2000年12月30日より計算。

などが証券市場改革の案として出されている。具体的には、深圳証券取引所はアメリカ店頭株式市場（National Association of Securities Dealers Automated Quotations, NASDAQと略されている）に類似した第二市場の運営に特化し、上海証券取引所に既存の市場を統合するとされている。この改革案は国務院の承認が得られ次第、実施に移される。(4)

ほかに、天津、武漢、瀋陽など全国の二七の主要都市に証券取引センターが開設されている。そのうち一八の証券取引センターが上海と深圳の両証券取引所に接続しており、株式の売買取引を仲介している。(5)

国有法人株の流通市場は、STAQSとNETSという二つ店頭市場により構成されている。前述のように、「規範意見」では、法人株は企業法人または事業単位（組織）が会社に投資して形成した株式であると定義されていた。国有法人株は、所有制形態別に公的資産と私的資産を分けるという考えに基づいて設置された株式の一種である。これは、国有企業が株式会社に改組される際に、会社が他の国有企業または集団所有制企業を対象に発行したものである。株式の権利内容からすれば、国有法人株は個人株と同様に普通株であるが、その売買取引は、個人株と完全に切り離された市場で行われている。しかもその市場の参加主体は国内の企業法人に限られ、海外投資家や国内の自然人は国有法人株の売買取引に参加できない。

STAQS（全国有価証券取引気配値自動システム）は、一九九〇年八月に中国証券市場研究設計センターによって開発され、約四ヶ月の試運用を経て、一二月に正式に開業された。STAQSは中国民航航空会社の予約システムネットワークを利用して全国の四六の都市と接続している。

国有法人株の売買取引は、一九九二年七月に、STAQSで初めて試験的に行われた。最初に選ばれた銘柄は僅か三つであったが、一九九三年末現在で、一〇社の銘柄はＳＴＡＱＳで取引されている。ＳＴＡＱＳの正会員数は二九一に達しており、国有法人株の売買取引に参加している機構等は一五、〇〇〇余りに達している。[6]

ＮＥＴＳ（全国証券電子気配値自動システム）は中国証券取引システム有限会社によって運営されている。中国証券取引システム有限会社は一九九三年二月に、中国人民銀行の認可を得て成立された。同年四月に七銘柄の国有法人株がＮＥＴＳシステムで上場・取引された。[7]

Ａ株のうち、国家株は、個人株や国有法人株と同様に同じ普通株であるが、その流通は、株式会社の運営のみならず、中国の株式市場の運営にも大きな影響を与えるものであるため、国有株の現状、国有株の譲渡および譲渡規制については、次の節で述べる。

人民幣特種株式（Ｂ株）は、上海と深圳の両証券取引所に限って売買取引されている。人民幣特種株式（Ｂ株）の額面は元建であるが、価格表示は流通市場によって異なっている。上海証券取引所では人民幣特種株式（Ｂ株）の価格表示はドル建てになっている。深圳証券取引所では人民幣特種株式（Ｂ株）の価格表示は香港ドル建てになっている。いずれの場合にも、株式の利益配当金も外貨換算払いになっている。一九九八年六月の時点では、上海、深圳両証券取引所に上場されている人民幣特種株式（Ｂ株）は、一〇六銘柄であり、その時価総額は三〇〇億九四〇〇万元である。その規模はＡ株市場の僅か一％強にすぎなかった。[8]二〇〇〇年一一月現在では、人民幣特種株式（Ｂ株）の銘柄は一一四となっている。[9]

第二節　国有株の譲渡規制

中国では、公有制原則のもとで株式制企業試行が行われている。国有企業が株式会社へ改組される場合には、企業の国有資産が価値評価を経て、株式に換算される。しかも「規範意見」が定めたように、国有資産は一般に普通株に転換される。現実には、国有株の流通は、部分的な試行を除けば、基本的には政府の証券規制機関の政策によって制限されている。

一　国有株の現状

中国では、株式会社には、新規に設立される場合もあれば、国有企業や集団所有制企業が株式会社に改組される場合もある。現実には、株式制企業試行は、国有企業制度改革の一環と位置づけられているため、後者のほうが大多数を占めている。しかも、株式制企業試行は、公有制原則のもとで行われているため、現在、株式会社における発行済株式総数においては、国家株と国有法人株が多数を占めている。

統計によると、一九九三年末までに設立された株式制企業は、全国で一一五六〇社で、株式資本総額は三一四七億元である。そのなかで、株式会社は三二六一社で、株式資本総額は二五九一億元に及び、それは株式制企業の株式資本総額の八二・三％を占めている。有限会社は八二九九社で、株式資本総額は五五六億元であり、株式制企業の株式資本総額の一七・七％を占めている。全国ですでに株式会社に変更された三二六

表3　上海、深圳両証券取引所における上場会社の株主構成（%）

	96年	97年	98年	99年
未流通株	64.8	65.5	65.9	64.8
国家株	35.4	31.5	34.2	31.6
法人株	27.1	30.6	28.3	29.6
内部従業員株	1.2	2.0	1.2	
その他（割当）	1.1	1.2	1.2	
流通株	35.2	34.5	34.1	35.2
A株	21.9	22.8	24.1	26.9
B株	6.4	6.0	5.3	4.3
H株	6.9	5.7	4.7	3.9

出所）川井伸一「中国上場企業の所有構造」愛知経営論集142号（2000）4頁より。

一社の株式資本総額は二五九一億元であり、そのうち、国家株は八六〇・〇七億元で、三三・二%を占め、法人株[10]は一二四七・六一億元で、四八・一%、個人株は四三六・六八億元で、一六・九%、外資株は四六・六四億元で、一・八%を占めている。[11]

ＣＳＲＣ等は一九九四年初めに全国の三七一社の株式会社を対象にアンケート調査を行った。対象会社の三七一社の内、縁故募集会社は二九二社で、公募会社は七九社である。そのアンケート調査の結果によると、対象会社の株式構成については、国家株は三三・八%、法人株は四五・二%、個人株は一九・四%、外資株は一・六%を占めている。国家株と法人株は合わせて七九・〇%を占めている。[12]上場会社における株主構成は**表3**の通りである。

二　国有株の譲渡規制の現状

「規範意見」および「会社法」のいずれも株式譲渡の

自由原則を設けている。「会社法」では、国家株の譲渡について規定が置かれている。すなわち国の授権した投資機構は、法により保有する株式を譲渡することができ、またその他の株主が保有する株式を買い受けることもできる（一四八条）。しかし、現実には、国有株の譲渡は政府の証券規制機関の政策によって規制されている。ＣＳＲＣは、上海、深圳の両証券取引所が開業して以来、国家株および国有法人株は、個人株と同様に普通株であるにもかかわらず、しばらくの間には個人株と同様に流通させないと繰り返して発言してきた。(13)

前述の規制政策には以下の内容が含まれると思われる。①証券規制機関の定めた期間内には国家株または法人株を個人株に転換することが規制される。②個人株は上海、深圳の両証券取引所で流通されているため、「個人株と同様に流通させない」という文言から、国家株または国有法人株を証券取引所で流通させることが規制される。(14)

株式制企業試行が行われて以来、国有株の譲渡が規制されているために、多くの弊害が生じている。主として以下のようなものがある。①国が産業構造を調整し、企業の資産を再配分することができない。②企業は、株式を売買することによって差益を獲得する機会を失う。③株式市場による会社の経営に対する監督機能が働かない。これらによって、株式会社の経営方式を改善し、所有者と経営者の健全な委任関係を構築することが困難になる。(15)

一方、九〇年代に入ってから、国有株の譲渡は、証券取引所以外の場所で多様な方法により試行されている。国有株の譲渡は、主として以下の方法により行われている。①国有株は財産所有権取引所（原語：産権交易所）を通じて譲渡される。これまで一三の上場会社が深圳財産所有権取引所を通じて国有法人株を譲渡した。②会社が国有法人株を人民幣特種株式（B株）に転換した後、それを証券取引所に上場する。③国家株または国有法人株の新株引受権が有償で一般大衆の個人投資者に譲渡される。④国家株が法人に譲渡される。⑤国有株が一般大衆の個人投資者に譲渡される。(16)

実務では、一九九四年以後、国家株が非国有の法人株に転換されたり、国有法人株が人民幣特種株式（B株）に転換されたりする事例が増えている。たとえば、一九九四年四月に、上海棱光株式会社の国家株の一部が珠海恒通置業に譲渡された。上海大衆タクシー株式会社は、一〇〇〇万国有法人株を人民幣特種株式（B株）に転換し、その後、一九九四年七月一五日に、それを上海証券取引所に上場した。一九九五年八月には、北京旅遊汽車株式会社は四〇〇二万国有法人株を人民幣特種株式（B株）に転換した。(17)一九九七年に入ってから、市場経済化の進展に伴って資産流動化の声が高まるなかで、証券取引所以外の場所において国家株または国有法人株の譲渡が頻繁に行われた。統計によれば、一九九七年一月から一〇月までの間、国有株の譲渡件数は七〇件に達した。(18)

なお、当初、国有法人株が人民幣特種株式（B株）に転換されることは、政府の証券規制機関の譲渡規制政策に違反したものであったため、前述の上海大衆タクシー株式会社が国有法人株を人民幣特種株式（B株）に転換した事例は、大きな反響を呼んだ。一九九四年二月に、上海大衆タクシー株式会社は、株主総会の承認を受けて、当該会社の一〇〇〇万の国有法人株を人民幣特種株式（B株）に転換することを決定した。当時においては、国有法人株の人民幣特種株式（B株）への転換に関する規定はなく、国有法人株の譲渡は証券規制機関の政策によって規制されていた。それゆえに、当該会社は、その時点では、法人株の人民幣特種株式（B

株）への転換について、CSRCの許可を事前に得ておらず、そのため証券規制機関から警告を受けた。その後、当該会社は、国有法人株の人民幣特種株式（B株）への転換について、国有株の譲渡方式の一つの試みとして、一九九四年六月三〇日にCSRCと国有資産管理局の承認を受け、機関投資家を対象に、会社の一〇〇〇万の国有法人株を人民幣特種株式（B株）に転換した。株式の額面が一元である国有法人株は、一株一・〇七二米ドル（約九元）という価格で転換され、一九九四年七月一五日に、上海証券取引所に上場された。[19]

第三節　株式市場分割および国有株譲渡規制の原因

ここでは、「規範意見」が二重基準をとり、株式の流通市場を分割した原因、および証券規制機関が国有株の流通を規制した原因について検討しよう。

一　A株における流通市場の分割および国有株の譲渡規制について

中国では、株式制企業試行が行われ始めた頃から、公有制原則と株式制度を結合させるという発想、すなわち公有制を基礎にして株式会社制度を導入しようとするという発想が見られた。当時においては、これは、中国の社会主義市場経済の特徴を最もよく表すものであり、また中国の資本市場の典型例になるかもしれないとの指摘も見られた。[20]株式制企業試行は、このような発想に基づいて、株式の流通市場を設けながら、計画経済体制下の所有制形態別に分類された公的企業間で、公的資産により構成された公的株式を流通するようにしている。その頃、株式制企業試行をめぐってなされた議論の一つの焦点は、株式制企業試行は公的所有制度を脅かすか、であった。

一九九二年の鄧小平の「講話」を契機として、経済体制改革が一段と加速されるようになって以降においても、公有制原則は社会主義の特徴として維持されている。そこで、いかに公有制原則を維持しつつ、国有企業に株式会社制度を導入するか、株式会社においては、いかに公的所有者が大株主であるという株主構成を維持しながら、会社組織を運営するかが、株式制企業試行の課題となった。このような課題を意識しながら、実践を始めたのが、上海や深圳である。

第二章で述べたように、上海の関連規定では、公有制原則や投資主体による株式の分類などの内容がすでに定められていた。一九九二年以後、株式制企業試行が急速に発展するに伴って、全国レベルの法整備が求められてきたなかで、「規範意見」が制定された。株式の分類や流通に関しては、「規範意見」は、上海や深圳などの地方法整備の成果を受け継ぎ、さらに株式の分類および株式の発行および譲渡について、より詳細な規定を設けた。

「規範意見」において、公有制原則と株式会社制度との結合という発想を表現しているものとしては、縁故募集方式と国有法人株の流通市場の設置を上げることができるであろう。縁故募集方式では、発起人以外の株式について、他の企業法人[21]または当該企業の従業員[22]を対象に発行される。しかも、企業法人が保有する株式は、特定の国有法人株の市場のみ流通され、その株式を取引する参加者も企業法人に限定されている。これによって、国の単独出資の企業を、国や複数の企業法人のみが共同で所有する株式会社に変える。このようにして公有制原則と株式会社制度との結合をさせようとした。これはまさに一種の実験であり、成功事例として中国の国有企業制度を改革し、資本市場を発展するうえで評価されるものになるか、それとも国有企業制度と資本市場の発展を間違った方向へ導いてしまうかが注目された[23]。

客観的に見れば、一九九二年頃に、株式制企業試行が繰り広げられるようになるにともなって、実務においては、国有企業が株式会社に改組された際の国有資産管理体制の構築、および国家株の株主としての権利行使に関して多くの問題が現れてきた。これらの問題が解決されるまでは、「規範意見」が前述のような内容の規定を設けたことは、国家株の株主としての利益を保護する一方策であったといえよう。

二　A株と人民幣特種株式（B株）との分類および株式流通市場の分割について

前述のように、A株における投資主体別の分類とそれに基づく流通市場の分割は、中国の公有制原則と株式会社制度との結合という発想に基づいて行われた結果である。これに対し、A株と人民幣特種株式（B株）間の分類およびその流通市場の分割は、公有制原則を維持するという要素以外に、中国の外資導入政策にも関わっている。これは、資本市場においては株式発行により外資誘致を図るとともに、外資の参入に対して一定の制限を加えようという発想である。

外資導入は中国の対外開放政策における基本政策の一つである。従来、中国では、外資導入の方式は、外国投資者の直接投資および外国の政府、金融機関からの借款などに限られていた。国内の株式市場において人民幣特種株式（B株）を、海外の株式市場でH株などを発行することは、国の外資導入の新たな手段として取り入れられた。

一九九二年頃には、中国の株式制企業試行はまだ試行の段階にあり、株式市場も発足して数年しか経ていないため、すぐに外国資本に全面に開放すれば、中国の株式会社が外国資本により買い占められる恐れがあったと思われる。そこで、中国では、株式制企業試行および株式市場の現状を配慮し、外国資本による買い占めから中国の株式会社および株式市場を保護するという目的で、株式市場における外資導入につき非常に慎重な姿勢がとられてきた。すなわち外国投資者の株式による資本市場への参入は、人民幣特種株式（B株）または海外の株式市場に上場されている会社の株式に限定されている。

株式市場における外資導入は、中国の外貨管理制度の改革にもつながっている。一九七九年以来の中国の外貨管理体制改革、とりわけ人民元の対外貨の為替相場および自由交換の進展状況からも、資本市場における外資導入についての考え方を見ることができる。

中国貨幣人民元の為替相場については、一九九一年四月九日まで調整可能な固定為替相場制が実施されていた。一九九一年四月九日より規制的な浮動為替相場制が実施された。一九八八年に外貨調整センターが設置された後、外貨の取引はある程度外貨の需給関係に基づいて形成された価格で行われるようになった。この外貨調整センターの取引価格と政府の外貨管理局が定めた為替相場により、人民元の二重為替相場制が形成された。さらに、一九九四年一月一日よりそれが一本化され、浮動為替相場制が実施された。(24)

一方、人民元の自由交換については、一九八八年に外貨調整センターが設置されたのに続いて、一九九一年一二月より国内の住民向けの外貨取引市場が設置され、一定の金額を限度に国内住民が、外貨取引をすることができるようになった。(25) さらに、一九九六年一一月二七日に中国人民銀行総裁が国際通貨基金（ＩＭＦ）に通知書を送り、中国がＩＭＦ協定書の第八条を受け入れ、一九九六年一二月一日より貿易・サービスの経常取引において人民元の自由交換が可能であると通知した。これによって、当初は二〇〇〇年までに実現する予定であった経常取引における人民元の自由交換が、前倒しで実現された。しかし、国内の個人使用および資本取引に関わる人民元の自由交換は、引き続き規制されている。(26)

なお、資本取引における人民元の自由交換（ハードカレンシー化）実現には、一定の時間が必要であって、中央銀行の監督能力が十分な水準に達したときに実施するものとされている。(27) もっとも、資本項目における人民元の自由交換を段階的に実施せよとする見解がある。それによれば、中国の金融当局の監督能力や株式市場の成熟度の低いことに鑑み、経常項目における人民元の自由交換に次いで、中期の目標として人民元の「基本的自由交換」を目指す。すなわち、資本項目に関して条件付きで部分項目（短期資本項目）につき人民元の自由交換を実現する。一方、長期資本項目に対して引き続き規制政策を取る。(28)

ところで、漸進的に進められている中国の経済体制改革においては、株式市場で外国投資に対し前述の規制を加えていることは、中国の資本市場の国際化、すなわち株式市場開放における一つのステップと見ることができよう。資本市場の開放政策に関しては、中国と一九九七年七月の通貨金融危機前の東南アジア諸国とを比較すれば、その相違点が顕著に現れている。

一般的には、株式市場は大別して二つのタイプに分けられる。一つは、西側諸国に見られるような開放的な自由市場である。いま一つは、一部の発展途上国に見られたように、海外の投資者に対して条件付きで、そして段階を追って開放する方式である。

東南アジア諸国は、発展途上国ではあるが、外資導入政策の一環としていち早く資本市場の金融自由化を実現させた。これによって、国際の投機筋の資本がそれらの国の株式市場に自由に参入し、または撤退することができるようになった。国際の投機筋の利食いによる通貨金融危機が発生したのは、資本市場における金融自由化をあまりにも早期に実現したためであろう。(29) もっとも、当然ながら、一九九七年の通貨金融危機の原因については、そのほかに、国際収支の悪化、対外債務の総金額および構成比（長期債務と短期債務の比例）、国内の産業構造などが上げられる。たとえば、対外債務と国内総生産高との比例関係（一九九六年）について、タイは四六％、フィリピンは五四％、インドネシアは四七％、マレーシアは三九％であって、いずれも外債負債率警戒線といわれる二五％を大幅に上回っていた。(30)

一方、中国では中央銀行が資本項目に対し厳しい管理を行ってきた。前述のように株式市場への外資参入を規制するほか、中国の外資導入政策は、外国資本による直接投資の促進に重点を置き、外資による不動産への過度投資を規制する姿勢をとってきている。しかも、対外債務の総金額および構成比（長期債務と短期債務の比例）のいずれもが注意深く管理される対象となっている。たとえば、一九九六年末現在では、中国が導入した外資は総額で三二〇〇億ドルである。その内訳は、外国投資は二〇〇〇億ドルで、うち直接投資が六四％を占めているのに対して、国際融資は一二〇〇億ドルで、うち長期融資（長期債務）が八八％を占めている。(31) 一九九七年末現在では、中国の外債残高は一三〇九・六億ドルである。その内訳は、中長期債務残高

（香港、マカオなどの負債額を除く）は一一二八・二億ドルで、外債残高の八六・一％を占めている。短期債務残高は一八一・四億ドルで、外債残高の一三・九％を占めている。[32] なお、中国の対外債務と国内総生産高との比例関係は、一九九六年末現在では僅か一五・五％となっている。[33]

このように、中国では、外資導入の一形態として、外資株を発行する方法を採用した。それと同時に、株式市場といった資本市場においては外国の資本導入に対して非常に慎重な姿勢をとってきた。このような基本的な外資政策こそが、A株と外資株との分類および株式市場分割の根本的な原因である。

人民幣特種株式（B株）市場の開設は資本市場の運営について諸外国の経験や国際慣習を学ぶ目的でなされたものであった。当初においては、海外の投資家にとっては、人民幣特種株式（B株）は彼らが中国の株式市場に参入する唯一のルートであった。しかし、中国の企業が次第に香港やニューヨークなどの海外市場で株式を発行・上場するようになったため、海外の投資家は海外市場で直接に中国の株式の売買取引に参入できるようになった。このため、中国の国内市場においては、人民幣特種株式（B株）の存在意義が薄れている。[34]一九九七年アジア金融危機が発生した後、外国からの投資が冷め、人民幣特種株式（B株）市場の取引は落ち込んでいる。しかし、政府当局はなお人民幣特種株式（B株）の市場を育成する姿勢をとっている。一九九七年一月に国務院証券委員会が三三社の人民幣特種株式（B株）発行企業候補リストを発表している。[35] とくにWTO加盟を控え、国内の株式市場を統合することが課題となり、国民の外貨預金総額が増え続けているなかで、二〇〇一年二月一九日に、CSRCは国内の個人投資者に人民幣特種株式（B株）を開放することを発表した。すなわち国内の個人投資者は合法的に所持している外貨をもって人民幣特種株式（B株）口座を開設すれば、人民幣特種株式（B株）の取引をすることができる。[37] この措置は、国民の持つ外貨資金を投資に導き、人民幣特種株式（B株）の株価形成の歪みを是正する上で有意義のものであるから、人民幣特種株式（B株）市場とA株市場の統合に向けて着実な一歩を踏み出したといえよう。[38] 人民幣特種株式（B株）市場は、中国の資本市場の一発展段階にすぎず、最終的にはA株市場と統合されることが予想される。しかし、株式市場の統合は、中国の外貨管理体制、特に人民元の自由交換の進展につながっているだけに、人民幣特種株式（B株）市場の今後の行方が注目されている。

（1）上海社会科学院経済研究所「上海証券市場の考察」（「上海証券市場的考察」）経済研究七号（一九九一）四一頁。
（2）人民日報（海外版）二〇〇〇年一二月三日。
（3）日本経済新聞二〇〇一年二月二〇日。
（4）梁定邦、CSRCの代表顧問による発言。日本経済新聞二〇〇〇年一二月二六日。
（5）人民日報（海外版）一九九七年三月二七日。
（6）田暁光「一九九三年の法人株市場について」（「一九九三年的法人股市場」）上海証券報一九九四年四月一四日。
（7）「中国証券市場における一九九三年度の新聞記事ベスト・テン」（「中国証券市場一九九三年十大新聞」）上海証券報一九九四年一月一五日。
（8）人民日報（海外版）一九九七年一月一一日、一九九九年四月三日。
（9）人民日報（海外版）二〇〇〇年一一月一一日。
（10）当時には、株式会社化が主として国有企業や集団所有制企業を対象に行われていたことを考えれば、ここにいう法人株は国有法人株のことであると考えられる。

（11）「株式制企業の試行十年、株式制企業十万社」（「股份制企業試点十年、股份制企業十万」）上海証券報一九九四年四月一五日。

（12）「株式制改革は中国の企業制度改革の有効な道」（「股份制改革是中国企業制度改革有効途径」）中国証券報一九九四年五月九日。

（13）朱利「普通株の流通市場の統一はすぐには実施しない」（「普通股並軌不会馬上実施」）上海証券報一九九四年一月二二日。

（14）徐明「国家株、法人株の流通および譲渡」（「国家股、法人股的流通与轉譲」）徐明＝郁忠民『証券市場に関する若干法律問題の研究』（『証券市場若干法律問題研究』）（上海社会科学院出版社、一九九七年）一四三頁。

（15）方文洲ほか「公有株上場流通問題の検討」（「公有股上市流通問題的探討」）金融体制改革六号（一九九七）五八頁、姚長輝「国家株流通と我が国株式市場の規範化」（「国家股流通与我国股票市場的規範化」）証券市場導報二号（一九九七）四九頁。

（16）徐明・前掲注（14）一四一頁。

（17）呉濱「我が国証券立法の若干重要問題の分析」（「我国証券立法的若干重要問題分析」）中外法学四号（一九九七）一〇一頁。

（18）上海証券報一九九七年一一月一二日。

（19）『大衆』の法人株の譲渡に決着がついた」（「『大衆』法人股轉譲穫准」上海証券報一九九四年七月一日。

（20）劉紀鵬「法人株に関する難問と思考」（「関于法人股的困惑与思考」）改革二号（一九九六）六四頁。

（21）公有制原則のもとでは、他の企業法人とは、国有企業または集団所有制企業に限定されている。

（22）発起人が当該企業の従業員を対象に株式を発行する場合には、企業の行政主管部門の認可を受ける必要がある。

(23)　劉紀鵬・前掲注(20)六三〜六四頁。
(24)　人民日報（海外版）一九九四年一月二日。
(25)　同前。
(26)　人民日報（海外版）一九九六年一一月二九日。
(27)　一九九八年三月一九日に記者会見で朱鎔基総理の発言による。人民日報（海外版）一九九八年三月二〇日。
(28)　景学成「人民元自由交換問題」李揚＝王松奇編『中国金融理論前線』（『中国金融理論前沿』）（社会科学文献出版社、二〇〇〇年）二九一頁。
(29)　趙章＝岳文「遊資が国際金融を衝撃する現象の徹底分析」（「遊資衝撃国際金融現象透析」）上海証券報一九九八年一月一〇日、陳雨露「なぜ中国は大丈夫か」（「中国縁何巋然不動？」）人民日報（海外版）一九九八年一月七日。景学成・前掲注(28)二九八頁。
(30)　趙章＝岳文・前掲注(29)上海証券報一九九八年一月一〇日。
(31)　「金融改革が平穏に発展している」（「金融改革穏健発展」）中国の中央銀行である中国人民銀行の総裁、戴相竜氏の記者会見におけるインタビューによる。人民日報（海外版）一九九七年八月二六日。
(32)　人民日報（海外版）一九九八年四月七日。
(33)　趙章＝岳文・前掲注(29)上海証券報一九九八年一月一〇日。
(34)　人民日報（海外版）一九九七年一月一一日。
(35)　大薗治夫「中国金融市場の概要——証券市場（その二）」国際金融五月一日（一九九七）三四頁。
(36)　二〇〇〇年末時点で、国民の外貨預金総額は前年同期比三一・八％も増え、約七三〇億米ドルに達している。日本経済新聞二〇〇一年二月二〇日。
(37)　実際には、これまでは国内投資者が外国から送金された外貨や、パスポートや身分証明証の提示などの条件を満たして口座を開設すれば、B株市場に参入することが黙認されていた。黄済生「中国B株市場発展問題の研究」

立正大学経済学部＝華東師範大学国際金融学院『中国経済改革と国際金融市場』（立正大学経済学季報特別号、一九九九年）一七二頁。

(38)　たとえば、二〇〇〇年末時点、深圳証券取引所においては、A株式市場の平均株価収益率（ＰＥＲ）は七一・五五であり、B株式市場の平均株価収益率（ＰＥＲ）は一五である。両者の格差は四・七七倍になっている（上海経済報二〇〇一年二月二六日）。

第六章　国有企業の株式制企業試行に残された問題

中国の企業制度改革においては、株式制企業試行が行われ、株式会社制度が国有企業に導入された後、国有企業は確かに組織的に株式会社に変更された。これによって、会社の法人財産権や株主の有限責任制が確立された。従前の集権的な計画経済体制のもとでの国有企業と比較すれば、政府と企業との関係が調整され、会社の経営メカニズムが転換されてきた。株式会社は、独自に経営を行い、自ら損益を負担する経済主体になりつつある。この意味では、株式制企業試行は、企業制度改革において成果を挙げ、一定の目的を達成しているといえる。とりわけ、国有企業が海外上場の株式会社に改組されることは、中国の企業制度改革において法人制度を確立するうえで非常に有意義である。これは、中国の株式会社の経営が国際的な規制を受け、海外市場のより厳しい上場要件を満たすために、企業組織の近代化を図ろうとするものである(1)。

しかし、現段階においては会社の財産所有制度、株主構成、株式市場の現状、国家株の譲渡規制、政治体制に由来した政治的諸要素から制限や影響を受けているため、会社の支配に関わる権限責任の構造、および会社の運営に問題が多く残されている。本章では、株式会社の機関設置のあり方、機関運営、とりわけ所有者と経営者の関係に着目して、国が主要株主である株式会社の運営を考察する。株式会社の効率運営に必要な基礎条件についてふれたうえ、中国の株式会社の運営に生じている問題を取り上げる。

第一節　株式会社の効率運営の基礎条件

物権法の絶対性と排他性の特徴、および私的所有という資本制的所有権の特質からすれば、所有者および所有権の客体が明確であることが求められている。この法理に基礎づけられてこそ、株式会社においては、株主が誰であるかが明瞭となり、しかも株主は株式に基づいて会社に対する権利を行使し、かつ自由に株式を処分する権利を行使しうる。会社の支配に関わる権利および責任につき所有者と経営者の委任関係が健全に調整され、会社機関の効率的な運営が期待される。

株式会社の組織運営は、また株主、経営者、債権者、従業員などの企業の支配に関わる権利と義務、権限と責任の構造、いわゆる会社統治のあり方に関わっている。そのうち、最も中心をなすのは、株主と経営者間の権利と義務、権限と責任の構造である。

株式会社の機関設置については、私的所有、法人財産制度、政治制度および法制度の完備といった株式会社を取り巻く基礎的な条件が共通している先進諸国のなかでも、歴史的諸条件等が違うため、会社の機関設置をはじめ、会社機関の運営においては相当の相違点が見られる(2)。しかし、株式会社の機関設置は、株主総会・取締役会・監査役会に分化されており、近代国家における立法・行政・司法の三権分立の民主的政治思想が反映されている(3)。そこでは、多数決の原理が働き、株主総会、取締役会および監査役会の三機関が相互に監督し合うことによって、より効率的な運営が期待されている。なお、株式会社の内部関係の構築は、いかに少ない代理費用で効率的な経営機関を設置し、経営者が株主のために懸命に働くよういかに動機付けるか、かつ経営者を監督し、その権利濫用から株主の利益を守るかを課題とする。(4)

ほかに、株主は共益権を行使して、会社の運営を影響する。株主は、会社の経営、役員人事等につき自己の意思を表明する権利、いわゆる「発言権」と、株式を譲渡して会社から離脱する権利、いわゆる「離脱権」を有する。そのいずれもが、会社法によって保障され、かつ会社統治を支えている。とりわけ株主の「離脱権」は、株主が投下資本を回収する自由を保障しているのみならず、会社の経営者達が懸命に働くよう監督する機能も果たす。すなわち会社が効率的に経営されていないと、株式が売却され、株価が低下し、会社が乗っ取られやすくなる。会社経営者は、会社事業の倒産により職を失う危険のみならず、乗っ取りの成功者によって解任される危険にもさらされている。(5)アメリカでは現実にも、会社経営者の監督が発達した資本市場に大いに依存している。すなわち企業が効率的に経営されず、取締役会がモニターとしての役割を果たしていないと、株価が下がり、外部投資家が株式市場で株式を買ってその会社を乗っ取り、株主としての発言権を行使して経営者または取締役会を入れ替えることが行われている。(6)

第二節　機関運営に影響を及ぼしている要素

中国では、経済体制改革が漸進的に進められているなかで、株式制企業試行は、公有制原則のもとで行われているため、株式会社の機関設置、機関運営、所有者と経営者の委任関係の構築などは、国が主要株主であるという株主構成、現在の政治体制に由来した、企業における共産党組織の位置づけと役割、経営者人事制度などの要素から影響を受けている。

一　株主構成による影響

中国では、どの機関が国家株を保有するか、その機関はどのように株主としての権利を行使するかは、株式会社の機関運営にとって重要である。これは、会社の独自経営の確保、所有者と経営者の健全な委任関係の構築などに大きな影響を及ぼすものである。

中国では、国有資産管理体制の再構築については、一九八八年に国家国有資産管理局が設置され、財政部とともに国有資産の管理職能を果たすということが決定され、それによって試みられてきた。しかし、これは、各行政部門の利害関係に直結しているため、国有資産の所有権の管理職能をめぐる行政部門間の利害調整は相当に困難である。一九九八年三月に、中央省庁の再編成が行われた後、国家国有資産管理局は廃止され、結局のところ、国有資産管理局が財政部とともに国有資産の管理職能を果たすという当初の試みは行き詰まってしまった。(7)

現在の国有資産管理体制は、従来通り、中央部・局および地方政府の国有資産管理部門が、「政府分級管理」の原則に従って国有資産の所有権の管理職能を果たしている。国家株の保有機関および権利行使に関しては、第四章で述べたように、「国有資産をもって投資を行った部門がその国家株を管理する」という原則のもとで、それぞれの機関または行政部門は、国家株の株主としての権利を行使している。現実には、国有資産管理部門をはじめ、財政部門、計画委員会、国有投資会社、国有銀行などが国家株の株主としての権利を行使し、国家株の管理に当たっている(8)。なお、五三〇社の上場会社を対象に行ったある調査の結果によると、五三〇社のうち、政府の行政部門が国家株を保有している会社は、合わせて三三二社である。この三三二社の株主名簿によれば、国家株の持株数が明記されているが、国家株の保有機関が不明な会社は三九社である。その他の国家株の保有機関とその機関が国家株を保有している会社数は、次の通りである。「集団会社」（原語：集団公司(9)）は一〇六社、国有資産管理局は一〇〇社、国有資産経営会社または国有持株会社は四七社、企業の行政主管部門は二〇社、財政局は一三社である。ほかに、複数の行政部門が国家株を保有している会社は六社、省レベルの地方政府が国家株を保有している

表 4　上場会社の国家株の保有機関

保有機関	会社数（96年）	割合（%）
国有集団会社	106	31.9
国有資産管理	100	30.1
国有持株会社	47	14.2
行政主管部門	20	6.0
財政局	13	3.9
複数の機関分散保有	6	1.8
地方政府	1	0.3
保有機関不明	39	11.8
合計	332	100

出所）何浚「上場会社における会社機関の実証分析」経済研究5号（1998）53頁より作成。

会社は一社である。[10] 詳しくは表4の通りである。

1　会社の独自経営と効率的な機関運営の困難

株式会社においては、国が主要株主であるという株主構成は、会社の独自経営、会社の機関が相互に牽制しあい、効率的に運営することに影響を及ぼしかねない。株式会社では、形式的には、会社の役員人事や重要事項の決定などは、「会社法」に基づいて行われている。実際には、国が会社の主要株主である場合には、会社の取締役と監査役の人事決定および報酬などの株主総会の決議は、ほとんど主要株主である行政部門の意思により左右されてしまう。たとえば上海石油化学株式会社の場合には、取締役会の一六名取締役のうち、一三名が主要株主により任命されている。代表取締役の人事、取締役の報酬、監査役の人事および報酬も、いずれも主要株主により決定される。[11]

この場合には、株式会社が独自に経営できるか、効率的な機関運営が期待されるかは、国家株の保有機関の性質、株主としての権利行使のあり方によるところが大きい。現実においては、国有企業制度改革は、その一つの試みとして国有資産授権経営を通じて、市場経済化に対応しうるための国有資産経営主体を育てているところである。前述の調査結果で分かるように、三三二社の上場会社のうち、企業の性質を持つ「集団会社」と国有持株会社などが国家株を保有している会社は、すでに一五三社に上っている。国有資産管理部門が国家株を保有している会社は一〇〇社もある。現在の「企業自主経営」という国有資産管理体制のもとでは、国有資産を経営する主体が確定されるまでは、国有資産管理部門が国家株を保有している。したがって、国有資産管理部門が国家株を保有していることは、一時的なものであると考えられる。こうなると、株式会社が独自に経営できるかは、「集団会社」や国有持株会社と株式会社間で権限および責務の関係がどのように設定されるかにかかっている。(12)

これに対して、企業の行政主管部門などの行政部門が株主としての権利を行使する場合には、株式会社が独自に経営できるか、国有企業が株式会社に改組された後、企業の経営メカニズムが転換できるかは、これらの行政部門がどのように株主としての権利を行使するかに左右される。行政部門、とくに地方政府は、株式を保有すると、社会・経済の管理と営利追求という二つの目的を同時に追求することになる。しかし、この二つの目的は必ずしも一致していない。政府が政治安定、雇用確保といった課題を優先させると、株式会社は営利追求という目標から離れがちである。そのうえに、もし行政部門が、従来の国有企業を管理するのと同様に、株式会社の経営を直接に介入すると、企業の経営メカニズムの転換が困難であり、会社の独自経営を実現することも不可能である。

馬鞍山鉄鋼株式会社の場合には、会社と大株主との関係は従来の国有企業と行政主管部門との関係のままである。このため、会社の重要決定事項については、主要株主である企業の行政主管部門によって決定されてしまう。会社の株主構成は次の通りである。会社の発行済株式総数は六四億五五三〇万株である。その内訳は、国家株が四〇億三四五六万株で、発行済株式総数の六二・五%を占め、国内の法人および個人が保有するA株は六億八七八一万株で、発行済株式総数の一〇・六五%を占め、海外の法人および個人が保有する外資株（H株）は一七億三二九三万株で、発行済株式総数の二六・八五%を占めている。

会社の財産所有関係については、会社の国家株の保有機関の馬鞍山製鉄所と地方政府が関わっている。馬鞍山製鉄所は、安徽省と馬鞍山市の政府の出資により設立され、地方政府の指導のもとに置かれた国有企業である。馬鞍山製鉄所と地方政府との関係は、従来の集権的な計画経済体制下に置かれた政府と企業との関係にある。このため、地方政府は、出資者の立場から馬鞍山製鉄所に対して経営者の人事任免などの重要事項を決定する。(13) なお、地方政府と馬鞍山製鉄所間では国有資産の授権経営が行われているため、地方政府は、馬鞍山鉄鋼株式会社に出資した、発行済株式総数の六二・五％を占める株式（国家株）を馬鞍山製鉄所に持たせている。馬鞍山製鉄所は主要株主として馬鞍山鉄鋼株式会社の経営者の人事任免などの重要事項を決定する。こうして、地方政府は、馬鞍山製鉄所を通じて、馬鞍山鉄鋼株式会社に影響を及ぼす。(14) その結果、馬鞍山鉄鋼株式会社は会社の経営者の人事や経営について地方政府から大きな影響を受けている。代表取締役、取締役および総経理の人事については、地方政府が直接に決定をしたり、最終の決定権を行使したりするのみならず、会社の投資施策や雇用・賃金などまで直接に介入する。(15)

一方、国が主要株主であるという株主構成は、経営者を監督する機能を弱体化させている。国が主要株主である株式会社においては、会社の重要決定事項については、主要株主の意思に左右されてしまう。少数株主はその意思を反映させることが困難であり、少数株主の会社経営に対する監督機能もまた、ほとんど働いていない。個人株主の多くは株式流通市場の価格差のみに関心を持っている。彼らは、会社経営について、個人の利益につながる利益配当案などに関心は示しているが、会社の投資計画や役員人事には無関心である。こうして少数株主による会社の経営に対する監督も期待できない。(16)

現実には、少なからぬ上場会社は、個人株の株主が株主総会に出席することを阻止するために、株主の持株数につき下限を設けている。(17) たとえば、北京天橋百貨株式有限会社の定款は、株主総会に出席する個人株主の持株数は二〇〇〇株を下回らないと規定している。(18) このような扱いでは、個人株の株主は会社の経営を監督するどころか、株主としての権利さえ侵害されてしまう。

また、監査役が会社の経営者を監督する責務をよく果たすかもまた、株主構成から影響を受けている。「会社法」によれば、監査役が株主総会により選任されることになっている。多数決原理のもとでは、監査役人事は主として主要株主によって決定される。現段階においては、国有企業が株式会社に改組されるという特殊な事情に鑑みれば、監査役が会社の経営者に対しその監査責務を果たしにくい状態に置かれている。中国では、国有企業から改組された株式会社では、代表取締役や経理などは、もとの国有企業の総経理か工場長からそのまま肩書きを変えてきた者が多い。会社の監査役は、総経理か工場長の部下であった者から肩書きを変えてきた場合が多い。このため、株式会社に改組された後、会社の代表取締役などが監査役の人事決定に影響を及ぼしがちな現状に鑑みれば、監査役は代表取締役や経理を監督するのが困難であることにならざるをえない。(19) 現実には、「会社法」が実施された後も、国有企業から改組された株式会社においては、行政部門が法定の手続を踏まえず、直接に監査役を派遣した問題や設置された監査役会が全く機能しないといった問題がしばしばある。(20)

2　国家株の譲渡規制による影響

株主の「離脱権」は、会社解散のような「多数決によって集団的に行使するもの」と株式売却のような「多数決によらず個別的に行使するもの」に二分されうる。(21) 株主の「離脱権」の行使には、投資リスクの回避と、会社の経営者に対する監督という二つの機能がある。

中国の現状について言えば、株式会社制度における株主の有限責任制という特徴を活かして、国家の責任態様を有限責任制へ変えるのが株式制企業試行の目的の一つである。国有企業が株式会社に改組された後、本来国家株の株主は、個人株の株主と同様に、株式を売却することによって会社関係から離脱し、投下資本を回収する権利を有するはずである。国家株の譲渡は、間接的に会社の株価に影響し、会社の経営を牽制する効果が期待されている。

しかし、中国では、株式制企業試行は、国有企業に株式会社制度を導入するという国有企業制度改革の一環であるため、国が国有企業から改組された株式会社を解散させることはまずない。そのうえに、国家株の株主が個別的に「離脱権」を行使することは規制の対象となっている。第五章で述べたように、現実には、国家株の譲渡は、部分的に試行されているのを除けば、政府当局の政策によって規制されている。このため、株主は、株式を売却することによって会社関係から離脱し、投下資本を回収することができず、当然に投資リスクを回避することも困難である。たとえば、前例として挙げた馬鞍山鉄鋼株式会社の場合には、国は会社の発行済株式総数の六二・五%を保有している大株主である。国有企業から改組されて以来、生産経営状況が悪化し続けて、利潤が大幅に下がり続けている。企業の利潤は、一九九三年が一五・六億元で、一九九四年が八・八億元で、一九九五年が僅か二一五三万元であった。とりわけ一九九五年八月以来、月決算の赤字を出している。一九九六年一月ないし二月の赤字は三一八三万元に上っている。(22)会社の経営がそのような状態に陥っても、主要株主である行政部門は、株式を譲渡することによって投資のリスクを回避することができない。

また、前述の五三〇社を対象に行った調査の結果が示しているように、上場会社の発行済株式総数に占める国家株の持株比率は三五・一％の高水準に維持されている。(23)国家株の譲渡が規制されていると、会社が資本市場で株価の低下により乗っ取られる危険は軽減されてしまう。もっとも、中国では、上海、深圳の両証券取引所が設置されて以来、僅か十年経過しており、まだ発展中である。株式会社の株主構成、組織運営、会計財務制度、情報開示制度等の諸般の要因により、両市場に上場されている会社の株価が必ずしもその企業の経営実態を反映するものではない。(24)このため、株式市場を通じて、会社の経営を監督する機能が働かなくなる。

3　経営者に対する奨励不足と経営者の権限膨張の懸念

株式会社では、会社の支配に関わる権限および責任の構造、とりわけ所有者と経営者間で奨励と監督のメカニズムがよく機能するかが、会社組織の運営に大きな影響を及ぼす。中国では、株式会社の運営については、前述したように会社経営が中国なりの特徴から生まれた株主構成から影響を受けている。また、経営者が株主のために懸命に働くようにするための奨励が不足する一面もある。それと同時に、経営者に対する監督機能が弱まっているため、実際には、経営者が有する権限が大きく、株式会社においても、国有資産授権経営における国有持株会社の場合と同様に、内部者支配[25]の問題が生じる恐れがある。

中国の企業制度改革は「両権分離」に基づいて「放権譲利」を内容に行われてきた。「譲利」は、企業独自の利益を承認し、企業の経営者を奨励する方策として用いられる側面もある。しかし、国有企業が株式会社に変更された後、企業の出資者と経営者間で利益分配について変化がなされ、会社の経営者に対する奨励を減少させる場合がある。たとえば、馬鞍山鉄鋼株式会社の場合には、馬鞍山製鉄所の出資者である地方政府、馬鞍山製鉄所と馬鞍山鉄鋼株式会社との間では、株式会社の経営者を奨励するための措置が欠けている。改組される前には、元の馬鞍山製鉄所は馬鞍山市との間では、五年間（一九八八年～一九九二年）の経営請負契約が締結されていた。それによれば、請負人は契約を達成した後の留保利潤について法により、それを使用・処分する権利を有していた。しかし株式会社に改組された後、会社の利益はほとんど株主の利益配当に用いられた。会社が使用・処分できる留保資金は僅かであり、改組前のそれよりずっと少なかった[26]。

これに対して、「放権譲利」のうち、「放権」は、ある意味において企業の経営者の自主権を拡大することを意味する。中国の企業制度改革は国有企業を経済主体に育成させるために、企業の経営権を拡大してきた。しかし株主構成により株主の権利行使および経営者に対する監督機能が弱体化してきた。このため、企業の経営者の権利が膨張してきた。企業の経営者がその有利な地位を利用して、いわゆる会社経営に関する情報非対称に乗じて自己のために利益を図り、株主の利益を損なうという内部者支配の現象も生じている[27]。

二　政治的要素による影響

国有企業が株式会社に改組された後、株式会社の機関設置、機関運営などは、国家株の保有機関およびその機関の権利行使のあり方といった要素のほかに、会社における共産党組織の位置づけおよび役割、企業幹部人事制度といった要素から大きな影響を受けている。結局のところ、国有企業が株式会社に改組された後、会社の機関設置、機関運営については、これらの政治的要素に関わる諸制度がどれだけ「会社法」に対応していくかが問われてくる。

一九七八年以来、経済体制が市場経済化するにつれて、それに対応するために、企業幹部人事制度の改革も行われてきているし、とりわけ「会社法」が実施されて以来、効率的な企業組織を作るために、企業における共産党組織の位置づけと役割などについても見直しがなされつつある。しかし、現段階においては、国家株の権利行使、従来の人事制度の弊害、会社における共産党組織の位置づけと役割による会社機関の設置、共産党の幹部人事制度による会社の役員人事決定などが、会社の機関設置および所有者と経営者の健全な委任関係の構築になお大きな影響を及ぼしている。

1　人事制度の弊害による監督機能の弱体化

国家株の保有機関は、会社役員の人事決定や会社経営の意思決定等につき株主としての「発言権」を行使する。本来、会社の役員人事の決定権は、株主の「発言権」行使の重要な内容であり、会社の経営者を監督する上で最も有力な手段である。しかし、現在の経営者の幹部人事制度のもとでは、会社の経営者の性質や任期、経営者を任免する基準などに多くの問題が残されているため、国家株の株主が「発言権」をよく行使して責務を果たすことを期待できない。とりわけ、複数の行政部門が、国家株を保有し、共同で国家株の権利を行使する場合に、忠実に責務を履行せず、ただ乗りをする可能性が生じがちである。

一九七九年以来、国有企業経営者の幹部人事制度の改革が行われてきており、経営者の性質および任期などが少しずつ変化してきた。経営者の任免方法に関しては、従来の行政主管部門による任免方式から招聘方式や従業員代表大会による選挙等の方式へ、経営者の任期に関しては、従来の企業経営者の国家幹部としての「終身雇用」から招聘方式の採用にともなった経営者の任期制へ移行しつつある。

企業の経営者は国家幹部であり、行政機関の階層的組織の格付けに沿って編成されている。たとえ招聘方式が用いられたとしても、経営者の最終決定について、行政主管部門における共産党組織の人事部門の認可を受けることが必要である。このように、企業の経営者が共産党組織の人事部門により任免されるという決定の仕組みは、基本的には従来のままに維持されている。

国有企業の経営者の人事制度改革は、企業経営方式の改革にもつながっている。一九八六年に、序章で述べた経営請負責任制と同様に「両権分離」に基づいて実施された資産経営責任制においては、一般応募者による入札方式により企業資産の価値が決定されるとともに、その入札者を企業の経営者と選定する方法が用いられた。経営請負責任制においては、請負人である企業の経営者は、一般に公開入札募集の方法により確定され、または国が定めたその他の方法により確定される（経営請負責任制暫定試行条例二六条一項）。「企業法」

においては、国有企業の経営者である工場長の選任については、国務院が別に定める場合を除き、行政主管部門が以下のいずれかの方法を用いて人事を決定する。①行政主管部門による任免または招聘、②企業の従業員代表大会による選挙である（四四条一項）[28]。

一九八八年五月二一日に、共産党の人事を管轄する組織部と政府の人事部が共同で「全人民所有制工業企業における競争メカニズムの導入、人事制度の改革に関する若干意見」（「関于全民所有制工業企業引入競争机制改革人事制度的若干意見」）[29]を通達した。この通達は、まず従来の行政機関の階層的組織の格付けに沿って編成された人事制度を打ち破る点においては、公開入札による経営者の募集方式は極めて有意義なものであると高く評価したうえ、競争メカニズムを導入し、公開入札募集方式等を広く用いるよう強調した。

しかし、この通達によれば、公開入札の募集方法をとるか否かは企業規模により規定される。それによれば、公開入札の募集方法は、中小型の国有企業においては全面的に導入され、大型の国有企業においては一部の企業に限ってその試行にとどまっており、超大型の国有企業においては適用されない。中国では、国有持株会社と株式会社の多くは、ほとんど大型および超大型の国有企業であるため、基本的に従来の企業幹部人事制度が実施されている。すなわち、国有持株会社はもとより、株式会社においては、国有資産管理部門は持分や株式に基づいて企業の経営者の人事決定を行う形になっているが、実際には、共産党組織の人事部門は行政機関の階層的組織の格付けに沿って企業の経営者人事を決定することになっている。

結局のところ、共産党組織の人事部門がどのような基準に基づいて企業の経営者を決めるかが、選任された経営者が出資者のために責務を果たすか、所有者の利益が経営者の権限濫用からよく守られるかを影響する。公的企業が市場経済の担い手として運営するようにするためには、政治的ないしその他の考慮によってではなく、もっぱら経営手腕によって企業の経営者を任命しなければならない[30]。

現実においては、共産党組織の人事部門は、必ずしも経営能力の基準に基づいて企業の経営者を決定するわけではない。公的所有者が持っている営利追求と社会・経済の管理の二つの目的、そして政権の統治手段としての幹部人事制度の役割を考えれば、企業の経営者の人事を決定する場合には、経営能力よりも、むしろ政治的、道徳的といった基準のほうが優先されがちである[31]。もしこのように企業の経営者が任免されるならば、経営能力のある経営者が選任されるか、出資者の利益が十分に守られるか、企業の効率的な運営が期待されるかに疑問が生じるであろう。

このように、一定規模の中型および大型の国有企業、とりわけ国有持株会社と株式会社においては、国有企業の経営者が国家幹部であるという経営者の性質、人事決定方法などについて、基本的に従来の企業幹部人事制度が実施されている。このような人事制度のもとでは、経営者が出資者のために懸命に働くような動機付けが失われ、経営者の人事任免が企業の経営業績との関連が薄くなりがちである。これによって、経営者には、経営者の競争市場による経営圧力がかからないし、たとえ経営者が企業の経営に失敗したとしても、解雇される恐れもない。その結果、出資者が経営者の人事権を行使することによって企業の経営者を監督する機能が働かなくなる。これは、会社の機関運営の改善を図るうえで、最も致命的なものであろう[32]。もっとも、株式会社に関しては、たとえ中国の株式市場において会社の経営者を牽制する機能が多少働いたとしても、このような経営者の人事制度のもとでは、その機能も相当に損なわれる。まして中国の株式市場は、設置されて以来、浅い歳月しか経過しておらず、現在の株価がまだその企業の経営実態を正確に反映するものではなくて、会社の経営者を牽制・監督する機能は限定されている。

2　会社における共産党の位置づけおよび役割による影響

中国の企業制度改革が進んでいるなかで、共産党組織が企業の経営者の人事権を行使することは、確かに経営者の権限濫用から出資者の利益を守り、経営者を牽制する上で一定の役割を果たしてきた。(33) しかし、市場経済化が進み、迅速な経営判断に対応しうるためには、効率的な企業組織や迅速な意思決定システムが求められてきた。会社経営の意思決定は、当然に経営に詳しい専門家に任せたほうが合理的である。中国の企業制度が従来の国有企業制度から株式会社制度へ転換されつつあるなかで、企業における共産党組織の位置づけと役割、企業経営者の人事制度のあり方は、変化してきた新たな事情にどのように対応していけるかが問われてくる。これらの問いにどのように応えるかが、株式会社の機関設置、「会社法」に基づいて設置された機関が相互に牽制しあって働くかを影響している。とりわけ会社の役員を決定する人事制度のあり方は会社の諸機関の関係に深くつながっている。現実においては、会社の機関設置、各機関の相対関係は、会社における共産党組織の位置づけと役割、企業幹部人事制度と「会社法」の間に存在している相違点から大きな影響を受けている。

株式会社における共産党組織と会社の機関が相互に重なり合う。第四章で取り上げたように、実務では、国有企業が株式会社に改組される場合には、共産党組織は会社の経営決定に参加する姿勢をとっている。会社の機関が設置された際に、株式会社における共産党の基層組織と会社機関との関係については、共産党組織の幹部と会社の役員が相互に職を兼任しあっている。

また、人事部門は代表取締役、総経理、共産党委員会の書記を同じ級別で扱って、現在の企業幹部管理制度のもとでは、企業が一定の規模になると、企業の共産党委員会の書記、工場長は同じレベルに位置づけられ、ともに一つ上の単位の共産党組織の人事部門に任免される。株式会社について言えば、会社の共産党委員会の書記、主要株主の持分に基づいて会社へ送り込まれる取締役や総経理の候補の人事決定は、ともに一つ上の単位の共産党組織の人事部門によりなされる。

こうなると、「会社法」における取締役会と総経理との委任関係が有名無実となり、両者の関係が調整し難くなる。[34] そのうえに、代表取締役および総経理と共産党委員会の書記との関係がまた調整され難くなる。これらの関係がどのように調整されるかは、国有企業が株式会社に改組される際の難問であり、また改組された後の会社の機関運営にも深く関わる要素である。

一方、企業の行政主管部門が代表取締役、取締役、総経理などを直接に任命したりする。現実においては、「会社法」が実施された後、企業の経営者の人事制度は、「会社法」に合わせて調整されつつあるとはいえ、企業の行政主管部門が法定の手続を踏まえず、従来の人事決定方法を用いて、直接に会社の役員人事を決定することがしばしばある。[35] これによって、株主総会と取締役会との委任関係、取締役会と総経理との委任関係は損なわれがちである。[36]

ほかに、実務においては、会社の機関設置につき代表取締役が総経理を兼任することがしばしばある。たとえば、上海、深圳両証券取引所の上場会社五三〇社を対象に行った調査の結果によると、五三〇社のうち、代表取締役が総経理を兼任している会社は二五三社に上り、五割弱を占めている。[37]このような扱いは、「会社法」における会社の機関設置に関する相互牽制という精神に違反しているのみならず、取締役会と総経理間の委任関係を損ない、両機関が相互に監督しあう機能を失ってしまう。また、総経理は対外的に会社を代表するという表見代表の問題が生じうる。

もっとも、このような扱いがとられたのは、国有企業が株式会社へ改組された後、代表取締役と総経理が会社の対外的な代表権や職権をめぐって争った結果である。従来の国有企業制度においては、企業の経営権が拡大されるのにともなって、工場長（経理）責任制のもとで工場長（経理）の権限が次第に強化された。それゆえに、国有企業が株式会社へ改組された後も、会社の総経理の職権については、「会社法」により詳細に定められている。これに対して、代表取締役の職権については「会社法」において僅かな内容しか定められていない。このため、代表取締役は、対外的な代表権を行使するのに相応しい職権を求めている。他方、従来の工場長（経理）責任制のもとで工場長（経理）は対外的に企業の法定代表者であったため、国有企業が株式会社に改組された後も、総経理は、会社の経営を行い、外部と取引を行うために一定の代表権を求めている。[38]

（1）　浜田道代「改革開放の進展と企業・金融法制」名古屋大学法学部アジア・太平洋地域研究プロジェクト『一九九〇年代における民主化の諸相（報告集）』（一九九七年六月）二七頁。

（2）米、独、日における大規模株式会社の機関構成の概略については、浜田道代『商法』（岩波書店、一九九九年）一〇九〜一一八頁。欧米における公開会社の経営機構と取締役の法的地位については、森本滋「大会社の経営機構と取締役の法的地位」法学論叢五〜六号（一九九七）一一四頁以下。米、独、英におけるコーポレート・ガバナンスについては、吉川満「米国におけるコーポレート・ガバナンス」、正井章筰「ドイツにおけるコーポレート・ガバナンス」、北村雅史「イギリスにおけるコーポレート・ガバナンス」ジェリスト一〇五〇号（一九九四）六三〜八一頁。

（3）北沢正啓＝浜田道代『レクチャー商法入門』（有斐閣、第五版、一九九八年）九九頁。

（4）陳工孟「現代企業の代理問題と国有企業改革」（「現代企業的代理問題和国有企業改革」）経済研究一〇号（一九九七）四三頁。

（5）浜田道代・前掲注(2)八二〜八五頁。

（6）青木昌彦＝奥野正寛『経済システムの比較制度分析』（東京大学出版会、一九九六年）一八五頁。

（7）余暉＝甘英「機構改革から見た政府企業間の関係」（「従機構改革看政企関係」）経済研究一二号（一九九八）三七頁。

（8）林秀芹「『会社法』実施中の問題およびその対策」（「『会社法』実施中存在的問題及対策」）廈門大学学報（哲社版）一号（一九九六）七二頁。

（9）ここにいう「集団会社」は、一定数の企業から構成される国有の企業集団（企業グループ）における親会社のことをいう。中国においては国有資産授権経営が行なわれることによって、従前の中央行政部門の管轄下に置かれた業種総公司をはじめ、業種別の国有企業の行政主管部門、大型の国有企業などが企業の性質を持つ企業集団の親会社になった。事業持株会社であれ、純粋持株会社であれ、そのいずれも「集団公司」とも呼ばれている。なお、何浚「上場会社における会社機関の実証分析」（「上市公司治理結構的実証分析」）経済研究五号（一九九八）五三頁。

(10)　何浚・前掲注(9)五二頁。
(11)　大和証券株式会社ほか編『国有企業から海外上場会社へ——理論および実務』(『従国有企業到境外上市公司——理論与実務』)(中国社会科学出版社、一九九四年)二〇九頁。
(12)「集団会社」や国有持株会社と構成企業間の権限および責務に関しては、拙稿「中国の企業制度改革に関する一考察——国有資産の授権経営および国有企業の集団化における持株会社の動向(二)」名法一六八号(一九九七)一六九頁。
(13)　李致平「我が国の国有企業の株式会社化に関する思考——馬鞍山鉄鋼株式会社の事例分析および示唆」(「関于我国国有企業股份制改造的思考」)経済理論和経済管理一号(一九九七)四頁。
(14)　張新文編『株式会社の設立と国内外上場の手引き』(『股份公司設立与境内外上市運作』)(経済管理出版社、一九九五年)四一五頁。
(15)　李致平・前掲注(13)四頁。
(16)　成章「株主総会は果たしてどのような権限を持つのか」(「股東大会到底有多大権力?」)上海証券報一九九五年一一月二五日。
(17)　何浚・前掲注(9)五六頁。
(18)「北京天橋百貨株式有限会社の定款(一九九三年改正)」(三四条)、羅元明編『株式制と国有株権の管理』(『股份制与国有股権管理』)(経済科学出版社、一九九四年)五〇一頁。
(19)　曹斌「監査役会はなぜ機能し難いのか」(「監事会作用為何難以発揮」)上海証券報一九九五年一二月三日。
(20)　林秀芹・前掲注(8)七三頁。なお、現実には、監査役が法律や会計などの専門知識に乏しいため、「会社法」に定められた職務権限を行使する際に弁護士や会計士などの専門家から協力を得ることが必要である。しかし、法律上、これらの専門家を招聘するのに必要な費用の負担について何も定められていないため、監査役は職務権限を行使することが極めて困難である(顧功耘「中国の上場会社の企業統治における問題点および今後の課題」名古屋大学大学院法学研究科アジア法政情報交流センター『日中企業法制・金融法制の展開シンポジウム（資料集）』（二〇〇一年二月）八四頁）。

(21)　浜田道代・前掲注(2)八二頁。

(22)　李致平・前掲注(13)二頁。

(23)　何浚・前掲注(9)五一頁。

(24)　許小年「情報、企業監督と流動性」（「信息、企業監控和流動性」）改革五号（一九九六）四三頁。

(25)　青木昌彦「内部者支配に対するコントロール：転換経済における会社機関に関する若干問題」（「対内部人控制的控制：轉軌經濟中的公司治理結構的若干問題」）青木昌彦＝銭穎一『転換経済における会社経営機関――内部者支配および銀行の役割』（『轉軌經濟中的公司治理結構――内部人控制和銀行的作用』）（中国経済出版社、一九九五年）一七頁。内部者支配（insider control）は、七〇年代から八〇年代にかけて東欧の計画経済体制からの転換過程において中央政府の計画部門の機能が低下しつつあるなかで、中央政府の行政部門が行使していた諸権限が国有企業に手放された。それによって、企業の経営者または従業員が企業内部において権威の地盤を築き上げ、とりわけ経営者の企業に対する権限が膨らんだという現象をいう。これはまた計画経済体制の遺産であるとも指摘されている。なお、中国に内部者支配が存在することは、一九九四年八月に北京で開かれた「中国経済体制における次なる改革」という国際シンポジウムにおいて青木昌彦氏によって提起された。

(26)　李致平・前掲注(13)五頁。

(27)　黄速建「現代企業制度確立中の若干問題」（「建立現代企業制度中的若干問題」）経済研究一〇号（一九九四）五一頁。なお、中国では、ここ数年来、企業の経営者に関して「五八歳現象」または「五九歳現象」が顕著に現れている。すなわち、企業の経営者は、六〇歳の定年間際に企業の財産を横領するという現象のことをいう（陳清泰ほか編『国有企業改革難関15』（『国企改革攻堅15題』）（中国経済出版社、一九九九年）一三頁）。

(28)　中、米、英三国の経済学者が一九八七年から一九九〇年にかけて七六九社の国有企業を対象に現地視察をしながらヒヤリング調査やアンケート調査を行った。調査の内容は、一九八〇年～一九八九年間の国有企業生産性、経営自主権、奨励メカニズムおよび企業行動、企業利潤の形成や分配などの多方面にわたっている。その調査の結果によれば、七六九社の国有企業経営者の人事決定方法はそれぞれ次のようである。企業の行政主管部門が直接に任命したのは七三・一二％、公開入札募集の方法により確定されたのは一二・九％、企業の従業員代表大会により選挙されたのは一三・〇％、経営請負責任制における受注者団体が推薦したのは一・六％である（董輔礽ほか編『中国の国有企業制度の変革研究』（『中国国有企業制度変革研究』）（人民出版社、一九九五年）一一二頁）。

（29）国家経済体制改革委員会政策条法司編『企業経営メカニズム転換に関する政策法規彙編』（『企業轉換経営机制政策法規匯編』）（法律出版社、一九九二年）二四九頁。

（30）小宮隆太郎「中国とGATT」総合研究開発機構編『中国経済改革の新展開：日中経済学術シンポジウム報告』（NTT出版、一九九六年）七四頁。

（31）王珺「国有資産代表の動力と制約」（「談国有資産代表的動力与約束」）広東社会科学二号（一九九六）四四頁。

（32）陳工孟・前掲注（4）四五頁。

（33）銭穎一「企業の機関構造改革と融資構造改革」（「企業的治理結構改革和融資結構改革」）経済研究一号（一九九五）二二頁。

（34）『中国問題報告：どこへ――現代中国の国有企業問題』（『中国問題報告：何去何従――現代中国的国有企業問題』）（今日中国出版社、一九九七年）二二五頁。

（35）王保樹「国有企業の会社への難問および法理的思考」（「国有企業走向公司的難点及法理思考」）法学研究一号（一九九五）六二頁に挙げられた、ある調査報告によれば、一九九五年時点においては、企業の行政主管部門が法定の手続を踏まえず、直接に会社の役員人事を決定し、または最終的に人事決定につき認可した事例は約三〇％を占めていたという。

（36）呉敬璉『現代会社と企業改革』（『現代公司与企業改革』）（天津人民出版社、一九九四年）二九二頁。

(37)　何浚・前掲注(9)五七頁。
(38)　王保樹「株式会社機関の法的実態考察および立法課題」(「股份公司組織机構的法的実態考察与立法課題」)法学研究二号(一九九八)五六頁。

第七章　企業の財産所有制度改革

本章では、企業の財産所有制度に焦点を当てつつ、中国の企業制度改革の特徴を考察し、企業の財産所有制度に関する理論問題を検討する。まず、改革以来、企業の財産所有制度改革の展開を回顧し、次に「両権分離」に基づいた全人民所有制企業の財産所有制度を考察し、経営権の概念、経営権および経営権と国家所有権との関係をめぐる議論を取り上げる。その後、市場経済体制に最も適した法人財産所有制度が導入されてきた過程を振り返る。本章の最後では、公有制原則および経済体制改革と政治体制改革を切り離すという政治的要素の影響によって、企業の財産所有制度改革について残されたままになっている問題点を取り上げる。

第一節　企業財産所有制度改革の二方向への展開

一九七八年以来、企業制度改革は、当初は「両権分離」に基づいて全人民所有制企業の経営権の拡大を図って行われた。一九九三年一一月に「社会主義市場経済体制」の樹立が打ち出された後は、国有企業を市場経済体制に対応しうる経済主体に育成させることを目標にして、国有企業の株式会社化を本格的に行うようになった。企業の財産所有制度が従来の全人民所有の財産所有制度から法人の財産所有制度へ転換するのにともなって、企業の経営形態が変わり、所有者と経営者との関係が調整され、国有企業は従来の行政部門の「附属物」から次第に独立した経済主体へ変わりつつある。改革以来、中国の経済体制が社会主義市場経済体制へ移行し、所有制形態別の企業制度が会社制度へ転換しつつある。全人民所有制企業の財産に対する国家所有権が、会社または企業に投資した持分に対する所有権へ変わりつつある。企業制度改革は、結局のところ、企業の財産所有制度の改革であり、全人民所有制のもとで企業の財産に対して国家が所有権を有するという法的構成をいかに変えていくかにある。これは、実質的に中国の経済体制改革の中心をなすものといえる。(1)

マルクスが構想した社会主義経済は、生産手段の社会所有を一つの特徴とするものである。(2)経済制度の下部構造が法律制度といった上部構造を決定するというマルクス主義の原理を照らせば、中国では、集権的な計画経済体制が実施された時期の全人民所有制企業は、当然に国家所有制によっていた。すなわち国家は人民を代表して、企業の財産に対して所有権を有する。国家以外のいかなる組織も、全人民所有制企業の財産に対して所有権を有することはできない。それゆえに、従来の社会主義国家の法体系（民法）では、法人概念および法人財産権といった法人制度は、イデオロギー的に対立したものとして容認されなかった。(3)

ところで、中国では、長期にわたって、全人民所有制の方ばかりが強調され、国家所有制は強調されなかった。法律上も、「国営経済は全人民所有制経済である」と表現されたように、国家が全人民所有制企業を経営することのみが強調されていた。これは、観念上、公有制原則と社会主義理念の維持に関連し、全人民所有制と集団所有制こそが、社会主義の公有制であるべきであると考えられてきたからである。[4] その後、経済体制改革が進むにつれて、全人民所有制が国家所有制にほかならないことが、一九九二年に国務院が公布した「全人民所有制工業企業経営メカニズム転換条例」(以下「転換条例」という)によって明記されるに至った。すなわち「転換条例」では、「全人民所有制企業の財産は全人民所有、すなわち国家所有であり、国務院は国を代表して企業の財産に対して所有権を行使する」と規定されている(四一条一項)。さらに、前述のように一九九三年には、憲法改正が行われ、従来の「国営経済は全人民所有制経済である」という文言が「国有経済は全人民所有制経済である」に改正された。これによって、法律上、生産手段の所有形態について、国有経済と全人民所有制経済との関係が明かになった。

企業の法的地位と経営形態、所有者と経営者との関係などはこのような財産所有制度によって特徴付けられる。たとえば、全人民所有制企業は、「全人民所有・国営」の経営形態をとり、独立の経済的単位としての法人財産権を持たず、国から委ねられた財産に対して経営権のみを有し、行政部門に従属された「附属物」であった。

改革開放に踏み出した当初、企業制度改革は、全人民所有制企業の財産に対し国家が所有権を有するという財産所有制度のもとで、「両権分離」に基づいて企業の経営権の拡大を内容として開始された。しかし、第一章で述べたように、外資を誘致するために用いられた有限会社制度から影響を受けて、一九八四年からは株式制企業試行を行うようになった。この時点からは、企業制度改革は、従来の国の単独出資という所有形態を維持しつつ、国有企業の経営権の拡大を図るという方向と、所有形態の制度的な枠組みを変えて、国有企業を株式制企業へ変更させるという方向が並行して追求されるようになった。

第二節　両権分離に基づく経営権の拡大

一　経営権の法制化

一九七八年より改革政策が実施されると、中国の企業制度改革は、「両権分離」に基づいて企業の経営権の拡大を図るようになった。これによって、社会主義経済に関しては、従来の商品貨幣関係を排除するという認識が後退し、その代わりに、社会主義経済は商品経済であるという認識が広がってきた。この認識に従えば、全人民所有制企業は商品の生産者および経営者であり、独自の利益を有するはずである。なお、企業間では商品交換が存在しているため、法的にも、全人民所有制企業に、商品経済における主体性、および商品交換の客体に対する所有権を承認することが求められるようになった。そこで、全人民所有制企業では、国家所有権を維持しつつも、そこから経営権を分離させ、企業の経営自主性を承認することが図られるようになった。

中国では、一九七八年一〇月に全人民所有制企業の経営権拡大の試行は、政策決定によって行われ始めた。その後、経営権の概念、内容などが法律や行政通達によって具体化された。

一九八二年の憲法は、「国営企業は国家の統一指導への服従および国家計画の全面的達成を前提にして、法律の定める範囲内において経営管理の自主権を有する」と定めた(二六条一項)。一九八三年四月公布の「国営工業企業暫定条例」が企業の法人格を承認し、経営権の詳細な内容を規定した。続いて、一九八四年一〇月の「都市経済体制改革に関する決定」は、全人民所有制企業の財産所有権と経営権を適切に分離させ、法人格を容認し、全人民所有制企業を、一定の権利と義務を有する相対的に独立した経済実体にさせる、としている。

一九八四年に「計画的商品経済」が提起された後、全人民所有制企業を「独立した商品生産者」に育成させるという要請に応じるために、一九八六年に制定された「中華人民共和国民法通則」(以下「民法通則」という)は、体系的に企業の経営権を財産所有権に関わる財産権と位置づけた。すなわち全人民所有制企業は、国から経営管理を委ねられた財産に対して法に基づいて経営権を有する(八二条)。

その後、経営権の概念は、一九八八年四月に制定された「企業法」によって定義された。「企業法」は、「国家は所有権と経営権の分離の原則にしたがい、企業に経営管理を委ねる」と定めたうえ、経営権の概念について「企業は、国が企業に経営管理を任せた財産に対して占有・使用をし、法により処分する権利を有する」と規定している(二条二項)。このように、国家所有権から分離された経営権には占有・使用のほか、法による処分の権利のみが含まれており、収益権は含まれていない点が注目される。

「企業法」はまた、一九八三年公布の「国営工業企業暫定条例」と同様に、全人民所有制企業の概念をはじめ、企業の経営権の具体内容、企業の設立および変更、企業の権利および義務、機構設置、政府との関係など企業制度の全般について定めている。企業の経営権の内容については、「企業法」は独立の章を設けて多くの項目を置いている（二二条～三四条）。その内容は、それまでに政府が通達してきたものとほぼ一致している。しかし、「企業法」は、国の立法機関によって制定された基本法律であるがゆえに、それが企業の経営権を法制化したこと自体、企業制度改革を進めるうえで有意義であった。

しかし、企業の経営権の拡大は、全人民所有制企業の管理をめぐって、企業の経営権が行政主管等の部門から企業へ分離されることを意味する。それはまた各行政部門の既得権の喪失、行政部門間の利害調整にもつながる。行政改革が遅れているため、「企業法」が一九八八年八月一日より施行された後も、「企業法」が企業に与えた経営権が全面的に実施されるに至らなかった。企業は自主経営を行えず、自ら損益を負担することもできず、依然として従来の集権的な計画経済体制に縛られてしまった(5)。そこで、一九九二年六月に、国務院が、「企業法」に基づいて「転換条例」を公布した。

「転換条例」は、企業の経営権に関して十四項目を列挙している（八条～二一条）。企業の経営権の内容は、生産経営施策、製品および労務の価格、製品販売、物資購入、輸出入、投資施策決定、留保資金の支配、資産処分、連合経営、労働者雇用、人事管理、賃金および賞与の分配、機構設置などにわたっている。しかも、その内容は、いずれも相当に詳しく規定されており、実施しやすいものになっている。たとえば、投資施策決定については、企業は、法律および政府の関連規定に基づいて、留保資金、現物、土地使用権、工業所有権および非特許技術等をもって、国内の各地域および各業種の企業などに投資し、他の企業の株式を購入し、または国外において企業を設立することができる（一三条二項）。

資産処分権については、企業は生産経営の必要に基づき、一般固定資産に対して自主的に賃貸し、抵当に入れ、または有償で譲渡することができる。しかし企業の中核設備または重要建築物については、それらを賃貸することができるが、それらを抵当に入れ、または有償で譲渡するに当たっては、政府主管部門の許可を得る必要がある（一五条）。

この時期においては、全人民所有制企業は、前述のとおりすでに一九八三年公布の「国営工業企業暫定条例」によって法人格が与えられていた。しかし、国家所有権のもとでは、全人民所有制企業は、企業の法人財産権まで承認されず、経営権のみを有するにとどまった。企業の経営権は、あくまでも「両権分離」の原則に基づいて定められたものであり、企業として独立した収益権を有しておらず、経営管理を委ねられた財産に対する処分権も一定の範囲内に規制されている。前述の「転換条例」の第一五条に見られたように、企業が経営権を行使し、とりわけ資産処分権を行使する際には、企業の国有資産の出資者の管理職能を果たす行政部門から規制を受け続ける。

このように、中国では、一九七八年以来、経済体制の市場経済化が進むにつれて、企業の財産所有制度が少しずつ変化してきた。すなわち、企業の財産所有制度は、従来の全人民所有制から「両権分離」のもとに企業の経営権を容認する方向へ変化し、しかも企業の経営権が法制化されてきた。これによって、全人民所有制企業の経営権は、次第に従来企業経営に当たっていた行政部門から分離され、企業へ移譲されてきた。国有企業は、また企業としての自己利益を認められ、国家と企業間の関係が、調整され、従来の行政従属関係から平等な主体間の関係に向かって変化してきた。企業の経営形態に関しては、国有企業は「国有・民営」に変化し始めた。

二　経営権をめぐる議論

中国では、一九七八年に全人民所有制企業の経営権が拡大されると、経済学者と民法学者の間では企業の経営権の性質等をめぐって議論がなされ始めた。一九八二年以後、「憲法」、「民法通則」などによって、「両権分離」の原則が設けられ、経営権が法制化されると、その議論は一層活発になった。その議論は、主として企業の経営権の性質、企業の経営権と国家所有権との関係をめぐって展開されていた。

経営権の概念については、企業が「国から委ねられた財産」に対して権利を行使するという点からすれば、経営権は国家所有権から派生した権利である。この点に限っては、見解がほぼ一致している。しかし法体系の位置づけ、とりわけ社会主義の法体系における位置づけ、伝統の民法の法体系といった視点からすれば、経営権は、占有権、相対所有権、商品所有権および用益物権などと捉えられた。以下では、これらの議論の主な内容を取り上げる。

1　占有権説

この説は、国家所有権を前提にして国家と企業との関係を論じている。国家所有権のもとでは、国家は、法人ではないが、企業財産の所有権者として全人民の利益を代表するが、直接には生産経営の活動を行わず、これらの活動を個々の企業に委ねる。一方、企業は、財産関係では、国家所有権の客体である。しかし、権利主体としては、企業は独立した法人であり、独立した財産、経営権および独自の利益を有するはずである。

このように、国家と企業が所有者と生産者の関係にあるため、企業の財産権を適当に分離する必要がある。企業の財産に対しては、国家は所有権を有し、企業は占有権を有する。これがいわゆる国家と企業の二重財産権構造である。なお、二つの権利は性質が違うものであり、占有権は所有権から派生された一種の独立した物権である。さらに、この見解は、社会主義社会に商品経済が存在することを前提にして、企業間の商品交換を行う際に、移転された財産権は所有権ではなく、占有権であると主張している(6)。

2　相対所有権説

この見解は、全人民所有制企業の経営権を相対的所有権と捉える。すなわち全人民所有制企業の財産は国家所有権の客体であるため、国家は、企業の財産に対して最終的な直接支配力を持っている。企業は、国家から交付された財産に対して相対的所有権を有し、法律が定めた範囲内で占有・使用・処分をすることができる。この見解は、また国民経済における全人民所有制企業の独立した地位をいかに確保するかが、経済体制改革の最も重要な課題であると強調して、企業の独立した地位を確保するために、法人制度の導入に着目して、法律により企業の財産所有権の主体資格を確立し、企業に法人格を与えるべきであると主張している(7)。なお、この見解は、両権分離に基づいて全人民所有制企業の財産所有制度における国家所有権を維持するという前提に立っているが、一九八一年の頃に、早くも全人民所有制企業に法人制度を導入すべきであると主張した点では、中国の企業財産制度の改革を進める上で有意義であった。

3　商品所有権説および用益物権説

商品所有権説は、中国の計画的商品経済のもとで全人民所有制企業が相対的に独立した商品生産者であることを前提にして、所有権の権能には、占有・使用（収益を含む）・処分のほかに、所有権と分離できない権利、いわゆる永久的な支配権という権利が含まれると主張している。この見解によれば、支配権とは所有者が独立して所有物を排他的に有する権利であり、しかも特定の所有権者に属するものである。全人民所有制企業の経営権について、占有・使用および処分の権能が、国家所有権から分離され、完全な商品所有権を形成する。国家は、全人民所有制企業の財産につき占有・使用および処分という権能が分離された後も、支配権を保有し続けるので、所有権を有する。このようにして、全人民所有制企業の財産所有権に関しては、物権理論について大陸法系における「一物一権主義」と違って、「一物二権」、すなわち国家所有権と企業の商品所有権という二重構造が存在しうる。[8]

この見解は、伝統民法における物権法の原理を社会主義の法体系に持ち込んで、しかも所有権の二重構造を用いて、伝統民法の所有権の諸権能以外の支配権をもって国家所有権の正当性を主張している。しかし、この支配権とは一体何の権能であるか、国有財産の処分権まで企業に移譲されて、なぜ国家はなお所有権を主張できるかが疑問である。

ほかに、商品所有権と同様な前提に立って、大陸法系の用益物権を参考にして、社会主義制度のもとに新たに現れた権利として、全人民所有制企業の経営権を用益物権と主張する見解もある。[9]この見解によれば、全人民所有制企業が設立された後、企業は国家から交付された財産に対して財産用益権を獲得し、国家はこの部分の財産に対して「単純所有権[10]」を有し、それに基づいて全人民所有制企業に指令的計画を下す。

4　新たな物権説

この説は、経営権の性質から見れば、経営権は新たな物権であると主張している。すなわち経営権は、一定の財産に対して使用権と収益権を行使する権利であるため、その法的性質は、伝統の民法における用益物権とは異なるにもかかわらず、体系的には、用益物権の範疇に入れて検討した方がよいと主張している。また、この意味では、経営権は一種の新たな物権であると見ている[11]。

次に、経営権と物権との関係から、経営権は歴史上の如何なる物権とも異なる権利であるという点を強調して、経営権を新たな物権と見る見解もあった。この見解は、経営権の物権的特徴について次のように指摘している[12]。①経営権は物に対する支配権である。経営権の客体は建築物、機械設備、原材料および貨幣資金といった固定資産と流動資産である。企業は、一定量の国有財産に対して占有・使用・一定の処分権を行使する。②経営権は排他的な財産権である。国家は、一旦全人民所有制企業に一定の財産を交付すると、これらの財産に対して直接に支配することができなくなり、法律に定めがない限り、これらの財産を処分することができない。

5　経営権否定説

経営権を民法の用益物権と比較するという視点から、次のような見解も唱えられた。すなわち伝統民法の物権理論に照らして、権利設定の手続、権利取得の目的、所有権者利益の取得方法、客体および客体に対する処分権について、経営権と用益物権との相違点を示したうえ、経営権は、用益物権と異なっている。しかも経営権は所有権でもない。したがって、経営権の概念自体に問題がある。(13)

改革が開始されて以来、企業の経営権が拡大されるのにともない、国有企業は経済主体としての性格が次第に鮮明になりつつある。企業の経営権をめぐって、行政部門と企業との関係が相当に調整され、企業の経営権が行政部門から企業へ分離されてきた。しかし企業の経営権は、あくまでも国家所有権から派生した権限であって、企業の資産を処分する際に、行政部門から一定の制限を受けている。このような財産所有制度のもとでは、国家と企業は、平等な民事主体間の関係ではなく、行政従属関係に置かれる。したがって、国有企業は法人格を有しながらも、法人財産権を有するに至らなかった。国有企業制度における「両権分離」は、一見して株式会社制度のそれと同質のように見えるが、実際には、株式会社制度とはイデオロギー的に相容れない経済制度を基礎にしたものである。(14) 国家所有権を前提にして経営権を拡大する道をとる限り、結局のところ、全人民所有制企業は、法人財産権が容認されるまでには至らなかった。

第三節　法人財産制度の導入

一　法人財産制度と国家所有権との関係をめぐる議論

「民法通則」によって定められた経営権は、全人民所有制企業を独立した商品生産者に育成させるのに充分に足りるという見解が見られた。この見解は、所有権と経営権との関係については、経営権は所有権に類似した権能を有する権利であり、全人民所有制企業は、経営権を有すれば、一定範囲内の財産に対して支配権を有するのみならず、独自に民事責任を負うこともできる。(15)

これに対して、全人民所有制企業の改革を一層進めるには、法人制度の意義を見直して全人民所有制企業に法人財産制度を導入すべきことが提案された。(16) 企業の財産所有制度が、国家所有権の維持のもとで「両権分離」の枠組内に制限されるのでは、結局のところ、全人民所有制企業を独自に経営主体に育成させることができず、国家所有権の制度の枠組を突破してそれを法人財産権に転換させるべきであるとの見解も唱えられた。

一九八六年一二月に中国社会科学院法学研究所主催の「国家所有権と企業経営権との分離に関する討論会」が開かれた。討論会の論点を整理した記事(17)によれば、そこでは、企業が法人財産権を有すべきであるという見解が唱えられた。この見解によれば、国家所有権にふれずに国家と企業間の権限を議論するのであっては、理論研究と実践との衝突を避けられないという。従来の行政部門の「附属物」的な企業を商品の生産・経営の主体に育成させるためには、全人民所有制、およびそれに対応した国家所有権を放棄し、全人民所有制を集団所有制に変え、国家所有権を企業の法人所有権に変えるべきである[18]。その理由としては、次の二点が挙げられる。すなわち①中国は生産性がまだ低い段階のレベルにあるから、全人民所有制は相応しくない。②国家所有権が維持される限り、国家は、財産の所有権者であり、また政権の組織者でもあるため、企業への行政的介入が避けられない。

ほかに、一九八八年七月に上海で開かれた中国法学会主催の「全国民法学経済法学研究会」では、企業法人所有権説に似た企業法人財産権説が提起された。この見解は、現段階の許容範囲内においては、ある程度国家所有権を承認するが、同時に企業に法人格を与え、企業が独自に企業の財産を支配する権利を確保するという折衷案を提案している。すなわち、英米法系における信託制度を参考にして、企業への財産権の授与を通じて、国家所有権を再構築する。それによって、企業の財産を国家所有権の客体から法人財産権の客体に転換させる。同時にまた法人の財産権を国家所有権の客体に転換させる。この方法を用いることによって、企業の経営権を強化してそれを所有権に類似した権利に転換させる[19]。

二　法人財産権の承認

一九九三年一一月に「現代企業制度」の確立が打ち出された後、企業制度改革は、国有企業を経済主体に育成させるために、企業の財産所有制度につき法人財産権を承認する方向へ進んできた。一九九三年一二月に公布された「会社法」においては、「会社は、株主が投資して形成される全部の法人財産権を有し、法により民事権利を有し、責任を負う」と規定されている(四条二項)。このように、法人財産権が法制化された。国有企業が株式会社に改組され、会社が法人財産権を有することは、企業の財産制度につき従来の国有企業制度における「両権分離」の枠組みを突き破るものであった。

次いで、一九九四年七月に、国有企業に適用される「国有企業財産監督管理条例」にも法人財産権が明記された。それによれば、「企業は、法人財産権を有し、法により経営管理につき国から授与された財産を独自に支配する」と定められている(二七条)。これによって、国有企業にも法人財産権が承認されるようになった。これは、中国の公有制原則のもとで企業の所有形態につき国の単独出資を維持しつつ、市場経済体制に適した自主性をもつ経済主体を育成するための一種の試みである。法人財産権に関して「国有企業財産監督管理条例」に設けられたこの規定は、立法上、「民法通則」、「企業法」に見られた、経営権を有するという内容に比較すれば、大きな前進であるといえる。

このようにして、企業の財産制度は従来の国家所有権から法人財産権へ転換されるにともなって、国家と企業との関係は従来の行政的な従属関係から平等な民事主体関係へ調整され始める。株式会社においては、国は株主として会社の一社員に変わり、会社の基本事項等を決定する際には、定款の定めにしたがって株主総会を通じて、権利を行使する。

三　「企業株」の概念とその克服

中国では、企業制度が、全人民所有制、すなわち国家所有制から、「両権分離」に基づく経営権が拡大される過程を経て、法人財産所有制度へと変わってきた。その変化の過程において、「企業株」の概念は結論からいえば、経営権を拡大する方向と法人財産所有権を承認する方向のはざまに誕生した鬼子であったと見ることが許されるのではないか。

第二章で述べたように、一九八〇年代の後半の頃に、地方レベルの株式制企業試行に関する法整備においては、投資主体により株式を分類する方法は一般化した。地方の規定によって、用いられた名称が多少異なるが、株式は、国家株ないし政府株、単位（組織）株ないし法人株、個人株に分類された。

株式の投資主体による分類方法がなされるようになったきっかけは、資金調達のために当初の段階においては債券型株式が発行されたことにあったのではないかと推察される。第一章でふれたように、一九八四年に株式制企業試行が都市に広げられるようになると、企業は資金調達の目的で株式を発行するようになった。当時において発行された株式は利子および利益配当を受ける権利が付された債券型株式である。ところが、銀行の貸付利率は個人と企業によりそれぞれ異なって定められていた。したがって、株券の発行に関する地方の規定が、株式の利子と利益配当額の年間総額の上限を定める際に、それぞれに異なる企業と個人の利率に合わせて設定したのは自然な扱いであったろう。このような扱いは、株式を個人株といわゆる法人株に分類するそもそもの始まりであったと考えられる。

ところで、第二章ですでに述べたように、一九八八年六月の「上海市株式制企業暫定弁法」は、投資主体による株式の分類方法について詳細に規定した際に、単位(組織)株ないし法人株を二種類に分類した。いわゆる一般法人株と「企業株」である。従前の企業が自己資金を投資して取得したいわゆる「企業株」と、他の単位(組織)が会社に投資して取得したいわゆる「法人株」である。

「企業株」は、全人民所有制の企業財産所有制度のもとで「両権分離」に基づき企業の経営権が拡大されてきた事実に基づくものであったと考えられる。従来の計画経済体制のもとでは、全人民所有制企業は「全人民所有・国営」であり、国家と企業は「統一収入・統一支出」という関係にあったため、全人民所有制企業は生産経営につき独自に意思決定をすることができなかったし、企業としての独自の利益も認められなかった。一九七九年以来、企業の経営権が次第に拡大されるのに並行して、財政面においても企業と政府との関係が調整され、企業の独自利益が認められるようになった。とりわけ、経営請負責任制が実施された後、企業の経営権として、企業は留保資金を有し、自らそれを占用・使用することができるようになった。そこで、全人民所有制企業が株式会社に変更された際には、企業が留保資金をもって取得した株式は、「企業株」と捉えられることになったのである。

その後、中国では、全人民所有制の財産所有制度のもとで、企業の留保資金はあくまでも国の投資から派生したものにすぎないため、「企業株」の性質や「企業株」の設置の可否をめぐっては、幅広く活発な議論がなされた。肯定説もあれば、否定説もある。「企業株」が存在すること自体は不合理ではあるが、現時点においては過渡的形式として創設してよいという見方もあった(20)。

次に「企業株」が自社株式に当たるか否かをめぐっては、「企業株」を諸外国会社法における自己株式と捉えている見解もあれば[21]、株式の取得の名義、株式の地位、株主としての権利行使、「企業株」に対する保有などを理由に、「企業株」と自己株式とは、取得財源などの面では類似性があるとはいえ、その本質からすれば、両者の間には何一つ共通点はないと主張する見解もある[22]。

しかし、「企業株」については、以上のような議論に加えて、国有企業が株式会社へ改組された後、原企業が存在しなくなる以上、誰が株主としての議決権を行使するか、そして株主としての利益配当を受けるかといった問題が残される。株式制企業試行に関する法整備が次第に規範化され、企業の財産所有制度が法人財産所有制度の確立へ転換されるにともなって、「企業株」の概念を克服する必要は高まる。一九九二年に制定された「規範意見」および一九九三年の「会社法」は、いずれも、「企業株」の存在は言及していない。さらに、第四章において述べたように、一九九四年に通達された「株式有限会社における国有株権管理暫定規定」においては、国有株という概念が用いられ、それが国家株と国有法人株に二分されている。したがって、自社株式の性質を持つ「企業株」の概念は否定されたものと解してよいであろう。

第四節　中国の法人財産所有権に残された問題点

一　会社制度における財産所有制度

株式会社形態は、経済活動が社会的規模になるのにともなって求められるようになる大資本を集め、投資リスクを分散させるために現れた企業形態である。株式会社は、「法の支配」のもとで諸法律制度に保障され、とりわけ株式会社の財産所有制度に基礎づけられて、はじめて市場経済に適した近代的な経済組織として効率的に運営できる。

株式会社は、財産所有制度につき私的所有を前提にし、しかも財産の所有者は明確な主体であることを前提にしている。株式会社では、資本が、団体性を媒介として、会社の個人所有と株主の社会的所有との二重関係に分裂している。[23]これによって株式会社は法人格を有し、また法人としての独自の財産を有することになる。株主は、会社の社員としてその地位を示す株式を有し、それに基づいて自益権と共益権を有する。[24]

株式会社では、本来より効率的な経営を図り、株主の利益を最大化するために、所有と経営が分離されることが特徴となっている。会社の基本的事項の決定と一定の監督是正権を除けば、その他のことは、株主から専門家の経営者に委ねられる。株主は会社の基本的事項の決定等について定款の定めに従って権利を行使する。[25]

株式会社における所有者、経営者等の諸関係は、前述の財産所有制度に基礎づけられて、次のように築き上げられる。株主は自己の財産を会社に託し、会社の名で、株主のために取引してもらう。株主と会社との内部関係は「委任」関係であり、委任事務遂行のために会社が第三者と取引をなす外部関係は「取次」である。これに対して、代表取締役や商業使用人が、会社から委託された委任事務遂行のために第三者と取引をなす場合の外部関係は、「代理」であり、代表取締役ら（受任者）と会社との内部関係はまた委任関係である。株式会社の内部関係においては、株主と受任者が委任関係に立っている。法人格を介在させたことにより、「株主と会社の受任者との委任関係」が、「株主と会社の取次による委任関係」と「会社と会社の受任者の代理による委任関係」に分解されている。(26)

このように、法人格のみならず、法人財産権が認められることにより、株式会社の経済主体性が確立される。会社を介在することによって所有者と経営者間の健全な関係が構築され、その関係をもとに経営者が株主のために懸命に働くような奨励メカニズムおよび、経営者を監督するメカニズムが働く。それに加えて、株式市場が発達している。これらの諸要素があってこそ、株式会社の効率的な運営が期待される。

二　法人財産所有権に関して残された曖昧さ

中国では、経済体制改革が漸進的に、かつ政治体制改革と切り離して行われてきただけに、一九九三年以後、法人財産権を承認したことは、必ずしも従来の国家所有権を放棄することを意味するわけではない。少なくとも、一九九六年頃、国有企業制度改革は、なお経営メカニズムの改善を中心に行われていた。(27)むしろ、法人財産制度を導入しながら、公有制原則のもとで、国家所有権を維持し続けようとするのが一般的である。国の単独出資の経営請負責任制はもとより、株式会社においても法人財産権を承認しながら、国家所有権を維持し続けようとしている。これこそが、中国の社会主義市場経済の本質を示すものであろう。このような意図は、法律上にも現れており、企業の財産所有制度に関する法概念について以下のような曖昧さを残している。

「会社法」は、「会社の国有資産」という概念を用いて、「会社における国有資産の所有権は国に属する」と規定している（四条）。すなわち企業が法人財産権を有すると規定されると同時に、それと違った「会社の国有資産」等の概念が用いられている。他方、「国有企業財産監督管理条例」は、「企業財産」という概念を用いて、次のように規定している（三条）。「企業財産とは企業の国有資産をいう。すなわち国家がいかなる方法であれ国有企業に投入した資本金およびこれにより形成された、法律、行政法規により決められたその他の国有財産をいう」。この規定によれば、企業の財産は、企業が所有する財産であって、国家はそれにつき持分をもつのみであるのか、あるいはまた企業の財産といっても実は国有資産であり、国有財産であるにすぎないのかがよく分からない。

「国有資産」の概念については、一九九四年三月に国家国有資産管理局および財政部などによって公布された「国有資産の評価・認定試行弁法」は、次のように定義している。すなわち、「国有資産とは、国家がいかなる方法であれ国有企業に投入した資本金およびこれにより形成され、または法に基づいて得た国家の所有者持分である。資本金、資本準備金（原語：資本公積金）、利益準備金（原語：利益公積金）および未処分利潤等が含まれる」と規定されている（二条）。これによれば、国有企業に対する「所有者持分」が国有資産であるという当然のことが明らかにされている。この国有資産の概念は「企業会計準則」第三八条に定められた所有者持分の内容にほぼ一致している。

しかし「国有企業財産監督管理条例」は「企業財産は全人民所有に属しすなわち国家所有である」と規定したうえで（五条）、「企業財産の所有権と経営権を分離する」と規定している（九条三項）。これでは国有企業に法人所有権を認めず、経営請負責任制により企業制度改革を進めようとした時代と何ら変わるところがないことになろう。

法人財産権の概念について「会社法」と「国有企業財産監督管理条例」が曖昧さを残していることは、一九九三年頃提起された、企業財産制度に関する理論によって裏付けられている。

この理論は、次のように企業の財産権を定義している。すなわち「現代企業制度」に含まれた新たな財産制度においては、企業の財産権とは財産所有権に関わった財産権であり、出資者が企業に出資した、企業の法人財産権に対して持っている財産権利の一種である。[28] 内容的には、この理論は、「企業の国有財産」という概念を用いたうえ、国家が国有企業の財産に対して終極所有権（原語：最終的所有権）を有することを前提にして、企業に法人財産権を承認すると主張している。すなわち企業は法人財産権を有し、国家は企業の国有財産に対して終極所有権を有する。[29]

この理論は、企業は法人財産権を有し、国家は「企業の国有財産」に対して、終極所有権を有すると構成している。ここにいう「企業の国有財産」は、企業の法人財産ではなくて、ただ国家が出資した「持分」の

み と解釈できるならば、国家が「終極所有権を有する」ことは、納得できる。しかし、文言上、「企業の国有財産」は、出資者の「持分」と解釈される余地がなく、企業の法人財産であるか、またはそれと並列している概念としか解釈できない。

こうなると、この理論は、形式的には「両権分離」の原則を突き破り、企業に法人財産権を承認したかのように見えるが、実質的には、「企業財産の所有権と経営権を分離する」（国有企業財産監督管理条例九条）で示されているように、「両権分離」の枠組みを越えておらず、ここにいう法人財産権はただ一種の「経営権」にすぎないとしか解釈することができない。この理論は、現行法に法人財産権を盛り込み、近代的な経済組織に適した企業の財産制度を取り入れようとしている点では、中国の企業制度改革を推進する上で有意義であると評価すべきであろう。しかし、財産権の概念についての曖昧さ、とりわけ企業が法人財産権を有し、国家が「企業の国有財産」に対して最終的所有権を有するという理論構成は、「一物一権主義」に反しているのみならず、企業の財産所有権の理論構成、企業の自主性の確立、所有者と経営者の健全な委任関係の構築といった課題に混乱をもたらしかねない。

国有企業から改組された株式会社では、国は単なる一株主に変わり、会社の基本的事項等を決定する際に株主総会を通じて、権利を行使すべきである。しかし、「会社法」に前述のような規定が設けられると、国家は会社に対して出資した「持分」にとどまらず、会社の「国有資産」に対しても所有権を有すると構成されている。ここでは、国有企業が株式会社に改組された後も、国は、従来の「国家本位」という立場から単なる一株主に変わるか、あるいは株主に変わった後も、なお投資した「持分」のみならず、企業の法人財産にまで所有権を有するものとする立法意図が窺われる。このような企業財産制度のもとでは、会社は、名義上、法人としての法人財産権を有しながらも、実際には、その権利を行使する際に、株主としての国からその介入を受けるおそれがある。このため、株式会社は法人として独自に経営することが困難であり、また国家と企業との関係は、行政従属関係から所有者と経営者の委任関係へ変えることも困難になる。

（1）董輔礽「経済体制改革に関する若干基本的問題」経済研究編集部『我が国経済管理体制改革に関する検討』（『関于我国経済管理体制改革的探討』）（山東人民出版社、一九八〇年）六頁、なお、この見解は、最初に「社会主義所有制形式の問題について」（「関于社会主義所有制形式問題」）という著者の論文により提起された（経済研究一号（一九七九））。

（2）青木国彦『体制転換――ドイツ統一とマルクス社会主義の破綻』（有斐閣、一九九二年）三一八頁。

（3）梁慧星「企業法人と企業法人財産権について」（「論企業法人与企業法人財産権」）法学研究一号（一九八一）二七頁、李開国「国営企業財産権の性質に関する検討」（「国営企業財産権性質探討」）法学研究二号（一九八二）三五頁。

（4）康徳琯「所有権と所有制との対応関係の分離論と現代企業制度」（「所有権所有制対応関係剝離論和現代企業制度」）法学研究六号（一九九四）四四頁。

（5）陸国梁『企業経営メカニズム転換の実用全書』（『企業轉換経営机制実用全書』）（学林出版社、一九九三年）三頁。

（6）江平ほか「国家と国営企業間の財産関係は所有者と占有者との関係にある」（「国家与国営企業之間的財産関係応是所有者和占有者的関係」）法学研究四号（一九八〇）七～九頁。

（7）梁慧星・前掲注（3）三〇～三一頁。

（8）　王利明「商品所有権について」（「論商品所有権」）法学研究二号（一九八六）四〇頁。
（9）　李開国・前掲注（3）三六～三七頁。
（10）　この見解は、株式会社における所有権と経営権との分離を根拠にして、株主が保有する権利を「単純所有権」と見て、それを全人民所有制企業の国家所有権と同様に扱っている。
（11）　李由義＝銭明星「国有企業の経営管理権について」（「論国有企業的経営管理権」）法学研究二号（一九八七）三二頁、銭明星『物権法原理』（北京大学出版社、一九九四年）一三〇頁、二五七頁。
（12）　佟柔＝周威「国営企業の経営権について」（「論国有企業的経営権」）法学研究三号（一九八六）一七頁。
（13）　陳甦「用益物権通論」梁慧星編『中国物権研究（下）』（法律出版社、一九九八年）六三五頁。
（14）　胡群「我が国会社立法の障害に関して」（「論我国公司立法的障碍」）法学研究二号（一九九〇）六四頁。
（15）　佟柔＝周威・前掲注（12）一五頁。
（16）　梁慧星・前掲注（3）三五頁。
（17）　「国家所有権と企業経営権との分離理論に関する論争」（「関于国家所有権与企業経営権分離理論的争鳴」）法制建設二号（一九八七）四六頁。そこでは前記のテーマに関する論点が挙げられているのみであり、論点を主張した学者等の名前は挙げられていない。
（18）　当時においては、企業が財産権を有することは一種の集団所有制であると見られた。
（19）　「全人民所有制企業改革における若干の法律問題」（「全民所有制企業改革中的若干法律問題」）政治与法律六号（一九八八）六〇頁。そこでは、この見解を主張した学者の名前は挙げられていない。
（20）　崔勤之「企業法人株の保有および譲渡」（「企業法人股的持有与轉譲」）法学研究四号（一九九三）一六頁。
（21）　呉建兵「自己株式の取得規制について」愛知論集四九号（一九九〇）七九頁。
（22）　白国棟「中国の株式会社における企業株の終焉」早稲田法学会誌四四巻（一九九四）三三一頁。
（23）　川島武宜『所有権法の理論』（岩波書店、新版、一九八七年）三〇一頁。

(24)　鈴木竹雄＝竹内昭夫『会社法』(有斐閣、第三版、一九九四年)九五頁、北沢正啓『会社法』(青林書院、第五版、一九九八年)一四一頁。なお、株主の法律上の地位をめぐって、この通説である社員権説のほかに、社員権否認説、株式物権説・債権説、株式会社財団論などがある。詳細は、鈴木竹雄＝竹内昭夫・前掲『会社法』九五〜九七頁、北沢正啓・前掲『会社法』一四五〜一五〇頁、参照。
(25)　鈴木竹雄『会社法』(弘文堂、第五版、一九九四年)二七頁。
(26)　浜田道代『商法』(岩波書店、一九九九年)七七〜七八頁。
(27)　袁木「国有企業改革の若干意見に関して」(「関于国有企業改革的若干意見」)求是一一号(一九九六)一六頁。
(28)　洪虎「企業改革の方向を明確にさせ、現代企業制度を確立させよう」(「明確企業改革方向建立現代企業制度」)中国経済体制改革一二号(一九九三)九頁。
(29)　周叔蓮「財産権改革：現代企業制度確立の核心」(「産権改革：建立現代企業制度的核心」)経済導報(香港)総二三四七号(一九九三)二二頁。

第八章　企業制度改革の課題

中国では、二十年余りにわたって、企業制度改革が行われた結果、国有企業は、行政部門の「附属物」から、法人格を有し、法人財産権を有する経済主体になりつつある。また国家と企業との関係も調整され、会社という法人を介在させた所有者と経営者の委任関係に変わりつつある。しかし、中国の経済体制改革は漸進的に行われてきただけに、公有制原則が維持され、企業の財産所有制度に関しては、国家所有権という概念がなお影響し続けており、企業の所有構造や企業における共産党組織の役割や経営者の人事制度などの面で政治的な諸要素が多く残されている。それゆえに、これまで述べてきたように、企業の独自経営、所有者と経営者の委任関係構築などの面においては、多くの問題が残されている。今後、中国の市場経済化が一層進むにつれて、国有企業を、市場経済に対応しうる経済主体へと育成することが求められてくる。そこで、企業制度改革の今後の課題をめぐって、様々な議論がなされている。本章では、生産手段の所有形態、企業の財産所有制度、および政治的な諸要素といった側面から、企業制度改革の課題を検討する。

第一節　財産所有制度の改革をめぐる課題

企業制度改革の課題をめぐって、企業の財産所有制度にまで踏み込むか否かによって、見解が分かれている。企業制度改革が企業の財産所有権まで踏み込むか否かは、長期にわたって議論されてきた焦点である。公有制原則を容認しつつ、企業の法人財産制度を樹立しようとする見解もあれば、企業の外部の競争環境を重視する見解もあれば、国家所有を容認せず、私的所有を確立すべきであると主張する見解もある。

一　企業の法人財産制度を樹立すべきとする見解

この見解は次のように主張している。中国では、経済体制が集権的な計画経済体制から市場経済体制へ転換され、国有企業が株式会社へ改組されるにともなって、企業の法人財産制度を樹立するためには、企業の所有権理論体系を再構築して、国家所有の実現方式を変える必要がある。すなわち理論上、従来の所有権と所有制との関係が対応した、しかも所有権中心論を内容とした所有権理論体系を放棄すべきである。そのうえで、国家所有の実現方式は、全人民所有制のほか、株式会社における持分等も含むという新たな観念を樹立すべきである。企業の法人財産制度を樹立させてこそ、企業の主体性を確立して、従来の国家と企業間の行政従属関係を平等な民事主体間の委任関係へ転換させることが可能となる。国有企業の株式会社化について言えば、国有企業から株式会社へ変更された後、国有企業の唯一の出資者であった国が、株主として株式

に基づいて権利を行使する。(1)

二　国有企業の外部の競争環境を重視する見解

この見解は、国有企業に発生した諸問題の原因を企業の財産所有制度ではなく、国有企業を取り巻く外部の競争環境や国有企業における経済指標が客観性に欠けていることに求めている。そのため、国有企業制度改革にとって最も重要な課題は、いかに国有企業を取り巻く外部の環境整備に力を入れて、企業の経済指標を企業の経営実態を反映できるものにし、国家と企業間の利益上納に関する契約を履行するかにあるとする。仮に企業の所有形態が私的所有に変わったとしても、企業を取り巻く競争的な環境が整っていなければ、経営者の権限濫用から出資者の利益を守ることは依然困難であり、効率的な企業運営が期待できないであろうと主張している。(2)

この見解によれば、中国の国有企業は、政府が重工業を優先して発展させるという政策のもとに生まれたものであり、政府から指令的な生産計画を受けるものであったため、他の形態の企業と公平に競争する環境に置かれていなかった。それに加え、計画経済体制のもとで政府の価格統制により製品価格が歪められ、競争市場が存在しなかった。それゆえ、個別企業の平均利潤率等の経済的指標はその企業の経営実態を反映するものとならなかった。企業経営に赤字が生じれば、企業は政府の指令的計画の実施を理由にして政府に補助金を要求する。政府はほとんどの場合に譲歩してしまう。それにより国家と企業間の利益上納に関する契約は履行されないという問題が起こってしまう。国有企業に見られる問題の最大の原因はこの点にある。

またこの見解は、先進諸国の株式会社制度が効率的に運営できる理由を、十分に発達した競争市場が存在しているという点に求め、客観的な市場による評価こそが、企業の経営者を牽制・監督するうえで最も重要な要素であると主張している。さらに企業統治の概念について、それは企業の出資者の経営者に対する牽制・監督などを含むすべての制度を指すと見て、企業統治において最も重要なのは競争的な市場を通じて、間接的に企業の経営者を監督し、または企業の外部による統治である。それゆえ、会社の機関設置方式のいかんを問わず、企業を取り巻く外部の競争市場が存在することにより、経営者に対する監督が期待できようと指摘している。(3)

したがって、この見解によれば、企業制度改革の突破口は、国有企業が抱えている政策的負担を解除させ、国家と企業間の権利および責務について契約に従うようにして、企業が平等に競争市場に参入しうるような環境を作ることに求められるべきである。企業の経済指標が正確にその企業の経営実態を反映できるようになれば、政府はこれらの経済指標に基づいて企業の経営活動を監督・管理することができる。(4)

三　摩擦問題の解決を重視する見解

現段階においては、中国の企業制度改革は、所有形態の調整よりも、社会を安定させるために、摩擦問題の解決を優先させるべきであるという見解が主張されている。(5) この見解によれば、国家所有権を前提にした「両権分離」を維持する限り、すなわち理論的には経営形態が「国有・民営」である限り、営利性のほかに多様な目的を持つ国家が、企業の国有資産所有権の管理職能を行使することによって、企業経営に介入することができる。政府が、もし国有企業を他の所有形態の企業と同様のレベルにまで活性化させようとするのであれば、「国有・民営」を超えて、それを「民有・民営」にまで転換させるべきであると指摘している。しかし、中国の企業制度改革には、もう一つの深刻な摩擦問題がある。すなわち行政部門の整理・統合、および企業内の従業員の再編等は、共産党・行政部門、従業員の既得権益に抵触し、社会的摩擦を引き起こす可能性が大きい。当面においてはむしろ、このような摩擦問題の解決を重視する必要があると主張している。

四　企業の財産所有権の改革にまで踏み込むべきとする見解

この見解は、持株会社や株式会社に発生した諸問題について、その原因を企業の所有構造に求めたうえ、企業制度改革は、企業の所有構造の改革にまで踏み込み、先進諸国における私的所有制度を参考にして、「現代企業制度」を国民の個々人の所有制度に基礎を据えたものにすべきであると主張する。この見解は、企業の所有構造に着目しているが、原因分析の視点によって多少の差異がある。

一つは、国有資産管理体制に着目して、次の二点を理由に主張している。第一に、複数の行政部門が国有資産の所有権を分有している国有資産管理体制のもとでは、出資者としての権利行使および企業の経営者に対する監督機能が弱体化し、ついには国有企業の内部者支配などの問題が生じてしまう。第二に、行政部門およびその担当者は、国有資産の所有権者ではないため、国有資産を適切に管理しようとする動機付けに欠けている(6)。

もう一つは、効率的な企業経営に関連する企業の経営者の選任に着目して主張している。すなわち公的所有構造が維持されている限りでは、国有企業の経営者の人事任免権は企業の行政主管部門や共産党の組織人事部門が握っている。しかし、これらの部門は優秀な経営者を選任する動機付けに欠けており、むしろ恣意的、かつ感情的に経営者を選任しがちであるため、国有企業の効率的な運営に必要な人材を確保するという観点から、国有企業改革は私的所有、いわゆる民営化へ進むべきである。しかし、この見解は現段階において行われている国有企業の株式会社化を中国の民営化の第一ステップとも見ている。(7)

ほかにも、国有企業における行政と企業との分離および企業の独立した経営に着目し、国有という所有形態のままでは、行政部門が企業の経営者の人事権を握っているため、国有企業が真に独立した経済主体になりえず、国有企業改革は民営化（究極的には私有化）へ進むべきであると主張している。(8)

これほど急進的でないにしても、中国の企業制度改革は、最初から、企業の財産所有制度の改革から着手すべきであったが、現実には、国の単独出資という制度の枠組みを維持することを前提にして、「両権分離」という方式を選択したと分析しつつ、今後は企業の財産所有制度の改革に着手し直すべきであるとの主張がなされている。(9) もっとも、最後の見解では、財産所有制度の改革について、「国有」を完全に「民有」化させるべきなのか、それとも国有資産の持分の存在を容認しつつ、「国有」の経営形態を株式会社のような混合所有の経営形態とすべきなのかは、明確されていない。

五　私　見

前述の諸見解のうち、企業の外部の競争環境を重視する見解は、企業を取り巻く競争的な環境を重視し、客観的に企業の経営実態を反映できる経済指標および競争的な市場を通じて間接的に企業の経営者を監督しようとしている点が評価されるべきであろう。しかし、経営者の権利濫用から所有者の利益を保護し、企業制度の効率的な運営を図るためには、企業の所有構造を調整し、さらに相互に監督できる企業統治を構築することもまた、同様に重要である。さらに企業制度を基礎付ける財産所有制度を確立することも重要な課題であろう。これらに、企業外部の競争環境が加わることによって、はじめて所有者と経営者のより健全な委任関係が構築され、効率的な機関運営を期待することができるようになる。このような見地からすれば、企業の所有形態が企業の所有者と経営者との関係に及ぼす影響を軽く見ている点では、この見解には賛成しがたい。

私的所有制度を確立すべきであると主張する見解に関しては、株式会社は私的所有制度に基礎を置き、今後国有企業の制度改革の方向性として民営化へ進むべきであるという点については、賛同できる。しかし、現段階においては、企業制度改革は他の経済体制改革と同様に漸進的に進められている以上、中国国有企業制度の転換の困難さを配慮して、民営化の一つステップとして国有企業が株式会社に改組された後も、公的資産の所有権者が株主として株式を保有することを容認してよいと考える立場からは、すぐに民営化を進めるという見解には賛同できない。

企業の法人財産制度を樹立すべきであるとする見解に関しては、中国の企業制度改革が抱えている諸問題を配慮しつつ、社会の安定を保ちながら、国有企業を市場経済体制に対応しうる経済主体に育成させ、企業制度の移行を図るという点から、この見解に賛同する。ちなみに、社会の安定を配慮している点では、社会摩擦問題の解決を重視する見解に賛同する。

なお、中国の国有企業を取り巻く環境に即して考えれば、現段階においては、企業制度改革は、実に多くの問題を抱えている。国有企業は、長年にわたって設備の老朽化、負債、経営不振、人員過剰など多くの問題を抱えている。その上に、改革開放政策が実施された後、外資が中国へ進出しつつあるなかで、国有企業の競争力がますます低下してきた。一方、経済体制改革が進行し、WTO加盟を控えているなかで、国有企業の産業構造の調整が進み、国有企業の株式会社化のテンポも一層速められた。それにともなって、国有企業からの失業者も増えている(10)。これらの問題をいかに解決するかが、経済体制が移行最中の中国の社会安定につながっている。他方、従来の計画経済体制のもとでは、国有企業は社会組織の単位として、生産・経営活動を行うとともに、社会組織として就職の受け皿や従業員の社会福祉の改善などの役割も果たしていた。中国の経済体制が転換されつつあるなかで、中国の社会保障制度がまだ樹立されていないため、国有企業が破産した後の従業員の生活が保障されない。国有企業は単位として就職受け皿の役割を果たし続けているため、企業の機能の純化は多くの制約を受けている。

このような状況を配慮すれば、中国の所有形態の改革については、ロシアのように、一気に従来の「国有・国営」から「民有・民営」へ転換させることは望ましいものではない。現段階においては、国有資産授権経営のような「国有・民営」と国が主要株主である株式会社のような「混合所有・民営」という所有形態をとらざるを得ない面がある。実際には、第一章で九〇年代における中国の株式制企業試行の動きについてふれたように、一九九七年九月の共産党第一五大会で「社会主義の初級段階」論が再提起された後、所有制度は、それに合わせて「公有制を主体とし、多くの所有制経済がともに発展する」という様態に変わってきた。公有制原則がなお維持されつつあるとはいえ、企業の所有構造の調整は、政府が打ち出した一連の措置に合わせて着々と進められている。「資本構造の最適化」や「大きいものを掴んで、小さいものを自由化させよう」（原語：抓大放小）が掲げられているなかで、小型の国有企業は、改組、連合、合併、リース、請負経営、株式合作制、売却などを通じて、民営化を進めている。一方、同大会では、公有制原則の概念が新たに解釈され、国有持株による支配力という概念が新たに打ち出され、とくに株式制度を大いに発展させ、国有の持株企業および株式参加を通じて、国民経済における国有経済の主導的役割を果たすという方針が打ち出された。そのなかで、一九九七年以後、大型の国有企業における株式会社化が加速された。このように、中国では、所有形態について当初の「国有・国営」から「国有・民営」を経て、「混合所有・民営」へ変わろうとしている。

株式会社の財産所有制度については、法人財産権を確立して、国家所有権を放棄すべきであると考える。中国では、長年にわたって集権的な社会主義経済体制が実行され、企業財産所有制度の改革がイデオロギーにも関連しているため、企業の財産所有制度の改革をめぐっては、見解が分かれており、国家所有権を法人財産権へ移行することは相当に困難であろう。しかし、法人財産権が「会社法」によって法制化されたことを受けて、企業の財産制度は、従来の国有企業制度における国家所有権から株式会社制度における法人財産権へ転換され始めた。これにともなって、国家は、従来の「国家本位」という立場から後退すべく、株式会社における単なる一の株主に変わるべきであろう。株式会社においては、法人財産制度に基づいて会社、株主、経営者間の関係を構築することを考えるべきであろう。

なお、国家所有権が放棄された後、国は、産業政策等の政策判断に基づいて「会社法」に従って国有企業を単独出資の国有独資有限会社に転換させることができる。政府が企業に影響を及ぼす方式は、従来の直接に経営に当たっていた方式から、持分または株式に基づいて権利を行使するか、市場を通じて、税金等による経済手段を用いる方式へ転換されるべきであろう。

国有企業の財産所有制度の改革に関連しているところから、国有企業制度改革の一方向を示した国有資産授権経営に関する財産所有制度について考えて見れば、国有資産授権経営においては、国有企業は、「両権分離」に基づいて企業の財産に対して、国家所有権から派生された経営権を有する。国家と企業は、従来の行政従属の二者関係にある。国有企業に法人制度が導入され、請負責任制が実施されると、国家と企業の関係は、従来の行政従属の二者関係に加わり、法人を通じた請負関係が形成された。企業が有する権限は、請負双方の間に締結された個別契約によって決められる。このようにして、もともと所有制形態別の企業制度と会社制度は、企業の財産所有制度について性質が違うため、国有企業に会社制度の法人財産権が導入されると、国有企業の経営権が法人財産権に変わるか、国家と企業の関係では、従来の行政従属関係と法人を通じた平等な民事主体間の請負関係がどのように調整されるか、といった問題に関しては、理論上まだ考える余地がある。公的所有が会社制度とどのように結び付くかは、中国の企業制度改革における課題の一つとなろう。

第二節　政治的要素をめぐる課題

公的企業が、市場経済体制のもとで、経営上の充分な自主性を有する経済主体として、効率的に運営することができるかは、所有者である公的機関の関係者が企業経営以外の観点からの企業に対する「政治的」介入を控えることにかかっている(11)。現段階の中国では、公有制原則が維持されているため、持株会社や国有資本が投入されている株式会社はなお多く残っている。これらの企業を経済主体に育成させることができるか、企業の所有者と経営者間で健全な委任関係が構築されるかは、企業の財産所有制度のほかに、公的所有に関連した株主構成、公的資産の所有権者の権利行使、国有資産管理のあり方、企業における共産党の基層組織の位置づけと役割および企業の経営者人事制度についての改革にかかっている。これらのいずれも、中国の経済体制改革の基本方針と政治的要素に関連している。中国では、これらの政治的な要素について、企業制度改革の課題をめぐって、以下のような議論がなされている。

一　国有資産の管理および株主構成の調整

中国では、現段階においては、企業制度改革の課題をめぐって、国有資産の所有権者の権利行使を強化するという立場で国有資産管理のあり方に着目した議論があれば、株式会社の独自経営を強調し、会社における所有者と経営者の健全な委任関係を構築するという立場で株主構成の調整に念頭を置いて展開している議論もある。

1　国有資産の管理について

現在の国有資産管理のあり方について複数の行政部門が共同で国有資産の管理職能を果たす場合には、国有資産授権経営や株式会社において国有資産の所有者としての権利を適切に行使できず、企業の経営者の権限濫用から国有資産の所有者の権益を保護することさえ困難となる。したがって、国有資産管理を強化するために、もっぱら国有資産の所有権の管理職能を統一して果たす国有資産管理部門を設置することが急務となってきている。しかし、現実には、国有資産の所有権の管理職能をめぐって、行政部門間の利害調整が難航しているため、国有資産管理局が政府の財政部とともにその管理職能を行使するという当初の案は挫折してしまった。その結果、従来通り、財政部など複数の行政部門が共同で国有資産の管理職能を果たす状態が続いている。

このような状況のなかで、国有資産管理体制をめぐっては、一九八八年に国有資産管理局が設置されて以来、長らく議論が続けられた。その結果、現在の国家所有制のもとで、国有資産管理部門を行政府の管轄に属させるか、それとも立法機関である全国人民代表大会に属させるかという二つの提案が見られる。

第一に、国有資産管理局を全国人民代表大会の管轄に属させるという見解が主張されている。この見解は、主として、行政機関が国有資産の所有権の管理職能を行使する場合に、多くの弊害が生じかねないことを指摘し、法的に国有資産の所有権を人民代表大会に帰属させることが必要であると主張している。全国人民代表大会は、公有資本経営委員会を設置し、その局長を任命し、かつその国有資産運営に対して監督する。[12]

第二に、国有資産管理部門を行政府の管轄に属させるという見解がある。この見解は、現存の行政管理体制を維持しつつ、国有資産管理部門を新たに設置し、複数の行政部門から国有資産の管理職能を国有資産管理部門へ移行させるとする。その常設機構として、国有資産管理弁公室を設置するとし、しかも具体的な設置方法についても現在の国家国有資産管理局をもとにして、現在の財政部の管轄に置かれている状態からそれを格上げさせると主張している。[13]

以上二つの提示のうち、現実には、新たな国有資産管理部門を行政府の管轄に属させるべきであるとする意見が支配的である。

現段階の国有資産管理体制のもとで、国有資産の出資者の権利行使を強化するために、国有資産管理のあり方は様々な方法により模索されている。最近、最も注目を集めているのは、出資者代表制度と呼ばれる制度である。現在、中央政府のレベルにおいては、この制度は、国家経済体制改革委員会が直接に株式制企業試行の指導に当たっている国有企業の三〇社を対象に行われている。この三〇社のいずれも中央部・局レベルの管轄に置かれている企業である。

この試行は、国有資産の出資者としての権利を一つの部門または機構に集中させる方法である。その目的は、複数の行政部門が共同で国有資産の所有権の管理職能を果たす弊害を無くし、出資者としての権利行使を強化するところにある。具体的な方法としては、国有企業が株式会社に改組される際には、出資者の権限および責任が会社の定款に明記される。[14]しかし、国有資産管理部門はどのように出資者を管理・監督するか、

出資者はどのような権限を有し、どのような責務を負うかは、まだ明確にされていない。(15)

2　株主構成の調整

第六章でふれたように、国有企業から改組された株式会社では、独自経営および効率的な運営を行うことが困難であることは、会社の株主構成をはじめ、それに関連した株主としての権利行使の弱体化、経営者に対する監督機能の弱体化などによるところが大きい。そこで、株式会社の主体性を確立し、所有者と経営者の健全な委任関係を構築するためには、株式会社における株主構成を調整する必要があると主張する見解が多く見られる。(16)さらに、株式会社の株主構成の調整、とりわけ株式会社における国家株をどのように処置するかは、国家株の権利行使、株式会社の運営、株式市場の発展のみならず、中国の経済体制改革の基本方針、社会主義の基本理念にも直結している。それはまた、国の産業構造の調整、資源配分の合理化、国有資産の価値の保持・増殖などにもつながっている。それゆえに、国家株の処置方法をめぐっては、以下のような見解が見られている。

まず、国家株の譲渡に反対する見解がある。この見解は、「同一株式・同一権利」、「同一株式・同一利益」という原則は「同一株式・同一価格」を前提にしていると主張する。現実には、国家株と法人株および個人株の間では、株主が株式を引き受けた価格が等価ではないため、当初から不平等が生じている。したがって、国家株をこのままで放出して、個人株と同様に証券取引市場で譲渡することに反対する、という。

「会社法」では、株式発行について公開、公平、公正の原則と、「同一株式・同一権利」、「同一株式・同一利益」の原則が設けられている。株式の発行は、各株式につき発行条件と発行価格が同等のものでなければならず、いかなる機構または個人であれ、株式を引き受ける際には、一株につき同等の価額を支払わなければならない(一三〇条)。しかし、国家株と個人株との間では、株式の発行価格につき不平等の問題が存在している。国家株は、国有企業が株式会社に改組される際に、原企業における国有資産が、評価され、株式に換算されて生じたのである。これに対して、個人株は、一般に、株主がプレミアム付価格で引き受けたものである。同一株式の発行価格を基準にすれば、国家株と個人株の価格には四、五倍ないし十数倍の価格差があった。そのうえに、一時的には、株式引受申込書[17]が導入された後は、個人株主は、それを取得するためにも多額の費用を支払った。しかも、国家株の場合には、当時においては、流通性のない実物資産が株式に換算されたのに対して、個人株の場合には、株主が現金で株式を引き受けた。

このため、国家株、法人株および個人株の現状はそれぞれの当然の結果である。すなわち、国家株はほとんど流通性を有せず、法人株の流通性にも一定の制限があるのに対して、個人株は完全な流通性を有する。もし、現時点で、「同一株式・同一権利」という原則を強調して、国家株を上場すれば、国家株の株主は、高額な「費用」を支払わないままに、個人株の株主が高額な「費用」を支払って取得した「額外権利」を容易に獲得する。これも国家株と個人株の間に生じる不平等の一種であり、個人株の株主の権利を侵害するものである[18]。それゆえに、国家株を上場する前提条件として、まず国家株、法人株および個人株の間に存在している発行価格の格差の問題を解決しておくべきである[19]。

国家株の証券取引所における譲渡に反対するもう一つの理由は、国家株の株主としての権利を行使する者が株式市場の相場を操縦するおそれがあることである。すなわち、国家株の株主としての権利を行使している行政部門や機構は、同時に国有資産の価値の保持・増殖につき責任を持っている。一旦、国家株が上場されると、これらの行政部門や機構は、多数の持株比率と行政権力を頼りにして、株式市場の相場を操縦するおそれが十分ある。これによって株式市場の健全な発展が損なわれかねない。この観点からすれば、大部分どころか、その一部であっても、国家株を上場することを許すべきではない[20]。

次に、国家株の譲渡に賛成する見解がある。この見解は、おおむね企業経営の改善、国有資産の流通、株式流通による国有資産の価値の増殖、証券市場の健全な発展などを強調している。

株式制企業試行の目的の一つは国有企業の経営メカニズム転換である。本来、株式の譲渡が会社の経営者を監督するうえで果たす役割が期待されている。しかし現実には、国有企業が株式会社に変更された後、国家株の譲渡が規制されているため、会社の経営メカニズムは従来の国有企業とそれほど変わらない。そのため、国家株の譲渡規制は国有企業制度の改革に影響を及ぼしている[21]。また、国家株の譲渡が規制されていると、国が、産業政策と国民経済の発展に応じて、国有資産を再編成することができなくなる[22]。

国有資産の価値の保持・増殖を強調する見解は、次のように主張している。本来ならば、国家株は、株式譲渡の自由の原則に基づいて、個人株と同様に株式市場で譲渡する権利を有する。国家株の株主は、株式流通市場において株式を売買することにより、株の券面額と市場価格との差額を獲得し、これによって、国有資産の価値の保持・増殖という目的を達成することができる[23]。

ほかに、国家株の一部を売却して、その持株比率を引き下げる方法と、国家株を現在の普通株から優先株に転換させる方法が提起されている。たとえば、国の産業政策の調整に合わせて、国有資産が競争分野から撤退すべく、株式会社においては、その持株比率も絶対支配の五一％から相対支配の三五％程度に下がればよいという見解が主張される。(24) これに対して、国家が経済利益を確保し、政府が株式に基づいて会社の経営を介入することを阻止することができることを理由に、国家株を現在の普通株から優先株に転換させるべきであると主張している見解もある。(25)

3 私見

現段階においては、企業制度改革は、国有企業を売却したりする方法もあれば、また公有制原則のもとで公的所有を残しつつ、法人財産制度を取り入れて、国有企業を株式会社に改組したり、国有企業に法人財産権を導入したりする方法もある。後者の場合には、株式会社においては、法人財産制度が確立された後、国は出資者として持分に基づいて権利を行使するようになった。どの機構が国有資産の所有権の管理職能を行使するかを明確にすることは、現段階における企業制度改革の重要な課題である。国有資産の出資者制度を確立しようとする試みは、国有資産管理における所有権の管理職能を強化するうえで有意義な措置であり、これを評価したい。

なお、国有資産管理部門は、立法機関と政府のどちらの管轄に属させるべきか。国有資産管理部門を立法機関の管轄に属させると、また、多数の行政機関を設置しなければならない。しかも、これらの部門と政府部門との協調が問題になりかねない。従って、行政機関の効率性を求め、現実には、政府主導の国有資産管理体制がすでに運営されている事実を考えれば、国有資産管理部門を政府の管轄に属させたほうがよい。

株式会社における株主構成の調整は、中国の国有資産管理の方法につながっている。前述のように、近年、企業の所有構造が調整されてきている。現実には、政府は、国有資産を完全に民営化するとともに、国有資産授権経営により、国の授権投資機構または国有資産の経営主体を育成するといった方法を用いて模索している。このような姿勢からは、国家株の処置方法については、政府は、基本的には国家株を普通株のままで国の授権投資機構または持株会社に保有させ続けようとしている。

国有企業から改組された株式会社が効率的に運営するように、株式市場の健在な発展が図られ、株式市場による株式会社の経営に対する監督機能が働くように、国家株を譲渡するという姿勢をとるべきである。なお、健全な所有者と経営者の委任関係を構築するためには、株式会社の主体性を確立し、また会社の経営者に対する監督機能をある程度維持する必要がある。この観点からすれば、国家株の優先株への転換と国家株の持株比率の引き下げという見解のうち、どちらをとるかという場合には、現段階においては、国家株の持株比率を引き下げる見解に賛同する。国家株を優先株に転換させると、株式会社が確かに政府から独自に経営を行うことはできるが、政府が株式に基づいて企業の経営者に対する監督機能が完全に失われてしまう。この観点からは、国家株を優先株に転換させる見解には賛同し難い。

中国では、株式制企業試行は、国有資産を優先株に転換せず、普通株に転換させるという基本方針を当初から決めていた。このような方針をとったのは、国が株式会社の経営に対する影響力を保持し続け、とりわけ共産党組織が経営者の人事権を通じて企業の経営者を牽制しようという思惑があったからであると思われる。

確かに、共産党組織の人事部門は、国家株の持分に基づいて、人事権を行使することによって企業の経営者を監督し、経営者の権限濫用から国の所有者としての権利を守る一面があった。現実には、個人の株主による会社の経営者に対する監督機能がほとんど働いておらず、企業の会計制度や情報開示制度等が整備されつつあるとはいえ、これらの制度が会社の経営者を監督する機能はあまり期待されるものではない。さらに、東欧諸国では、所有制度が私有化された後、株式所有が分散することによりただ乗りの問題が多発しているため、企業の経営者に対する監督が弱まっている。(26) したがって、中国の経済体制がなお移行している段階にあっては、会社の独自経営を確保し、また会社の経営者を監督しうる、所有者と経営者の健全な委任関係を構築するために、会社の経営者を監督する機能を持つ機関が育つまでは、しばらくは共産党組織による会社の経営者を監督する機能をある程度維持することが必要であろう。このような見地からしても、国家株を普通株から優先株に転換させるという考え方には賛同し難い。もっともこの問題は、企業における共産党組織の位置づけと役割にも関連しているため、次にそれらの問題とともに議論を展開することにする。

二　企業における共産党の役割と企業経営者人事制度

中国では、企業における共産党の位置づけと役割、会社の機関設置と企業幹部人事制度といった要素は、企業が果たす機能を決定し、会社の経営、所有者と経営者の委任関係の構築などに影響を及ぼし、企業の効率的な経営の成否を左右する。以下では、企業の機能についてふれ、企業における共産党の位置づけと役割をめぐって議論されている内容を取り上げたうえ、これらの問題に対して私見を述べることにする。

1　企業の機能

従来の計画経済体制および政治体制のもとでは、国有企業は、営利性を有する経済主体というよりは、社会組織の「単位」として政治・社会の複合的な機能を果たしていた。本来、国有企業は、企業制度改革を通じて、それまでの政治・社会および社会の複合的な組織から経済組織に純化することを強いられる[27]。

しかし、現実には、政府という公的出資者の特殊性および政治的な要素により、持株会社はもとより、国有企業から改組された株式会社も、政治的に社会組織の「単位」であり続け、従来の国有企業と同様に、企業の政治・社会の複合的な機能を持ち合わせている。このため、企業が政治・社会の複合的な機能を果たすことは、中国の社会主義の本質的な部分を構成するものであり、資本主義的経済組織の本質である営利性とは鋭く対立する。この点は、私的所有に基礎づけられている先進諸国の株式会社とは対称的であり、現段階における経済体制改革の基本方針から当然に導かれる結果といえる。

政府が社会・経済の管理と営利追求という二つの目的を同時に追求することは、企業機能の純化を困難にさせる。もともと企業は事業を企てて、出資者の利潤を最大化し、営利を求める経済組織である。これに従えば、企業制度改革は、国有企業を営利追求の経済組織に改組することを目標にするはずである。しかし、政府は本来社会・政治の安定を図るために社会を管理する行政部門である。企業の持分または株式を保有すると、政府は、また株主として営利を追求することを目標にせず、政治の安定を図り、充分就職の確保、社会の安定などを優先すると、株式会社は営利追求という本来の目標から離れがちである。[28] たとえば、国有資産管理体制における「政府分級管理」のもとでは、地方政府が、国有資産の所有権者としてその権利を行使する際に、企業の営利性よりも社会・政治の安定を優先させる傾向が見られる。[29]

2　企業における共産党の位置づけと役割

現在の政治体制のもとでは、株式会社においては、共産党の基層組織が設置され、共産党の規約に従って活動をする（会社法一七条）。市場経済化が進行しているなかで、企業経営が市場の変化に応じるために、迅速に経営判断を下すことが求められるために、株式会社などの経済実体においては、共産党組織はどのような役割を果たすべきなのかが、中国の経済体制改革が進行しつつあるなかで現れた新たな課題である。この問題にどのように対処するかは、共産党組織の企業幹部人事制度とともに、企業の経営活動の態様を決定することになる。現実には、企業における共産党組織の役割、企業幹部人事制度をめぐっては、主として以下のような議論がなされている。

（一）　企業における共産党組織の役割

一つの見解は、企業は経済組織であり、政治団体ではないという企業の経済的性質を強調したうえ、株式会社における共産党の基層組織の役割は、会社の経営方針を決定するのではなく、共産党員の活動を監督し、それを通じて、共産党の政治的な目標および方針の実現を保証する点に限定すべきであると指摘している。[30]

　これに対して、共産党の機関誌「求是」の見解によれば、株式会社における共産党の基層組織の役割は「保証・監督」にとどまるべきではなく、企業の重大経営決断にも参加し、政治的、かつ中核的な役割を果たすべきである。単に事後的に「保証・監督」の役割を果たすのでは、政治的、かつ中核的な役割を果すことが事実上不可能となる。さらに、企業における幹部管理制度に関係して、社会主義的性質を強調し、企業は単なる経済的な組織ではなく、政治的な役割をも果たすべきであると強調し、国有企業はもとより株式会社も、「党が幹部を管理する」原則を維持すべきであると指摘している。(31)なお、第四章でふれたように、実務では、共産党組織の代表は、株式会社の機関と相互に兼任する方式により、会社の重大経営決定に参加している。

（二）　企業幹部人事制度

　企業の経営者が出資者のために経営責任を果たして働き、効率的な組織運営を確保するために、いかに企業の経営者を監督するかが、課題となってきている。国有企業制度のもとでは、共産党の人事部門が企業の経営者の人事権を行使してきた。国有企業が株式会社に改組された後、共産党の人事部門は、国有資産の持分に基づいて経営者の人事権を行使する。これは、確かに企業の経営者を監督・牽制する一面があった。しかし、市場経済が進み、企業の優秀な経営者が求められているなかで、企業幹部人事制度には多くの弊害が現れてきた。とりわけ、経営者の国家幹部の性質、「終身雇用」の任期制度、経営者の任免基準、奨励措置および懲罰の手段などが問題とされている。これまで述べてきたように、一九七九年以来、企業の幹部人事制度の改革については、多くの提案がなされてもいる。たとえば、経営者の人事管理の一環として、経営者の経営能力をより客観的に認定・評価するために、国有企業経営者の経営成績を評価する専門機構を設置することが提案されている。この機構は専門家により構成され、しかも客観的、かつ公平に評価できるように、行政部門の影響を受けないことを前提とすべきであるという(32)。さらに、企業の経営者に対しては、年俸制などの奨励措置を講じるとともに、国有資産の経営目標が達成できなかった際の責任を負わせるための措置も講じるべきであると主張されている(33)。

また、企業経営者が国家幹部であるという制度を廃止し、経営者の任期につき「終身雇用」を取りやめ、任期制を導入すべきであるといった主張が見られる。この見解は、さらに、経営者の選任方法および選任基準については、経営者の人材市場の育成に力を入れて、人材市場を通じて経営者を選任し、または公平な競争を通じて、社会一般応募者から優秀な経営者を選出すべきであるともしている(34)。

実務においては、企業幹部人事制度改革の一環として企業経営者の国家幹部扱い制度の廃止が試行されている。一九九七年九月に、北京市においては、「北京市現代企業制度試行企業における幹部管理に関する暫定弁法」が施行された。この「暫定弁法」によれば、企業へ派遣された経営者は、従来の行政階級制と切り離され、国家幹部ではなくなる(35)。

さらに、二〇〇〇年一一月に、国家経済貿易委員会が起草した「国有大中型企業の現代企業制度および管理強化に関する基本規範（試行）」（以下「基本規範」という）が国務院によって公布された。この「基本規範」は、国有企業改革に関する重大方針を具体化させたものである。それによれば、政府と国有企業との関係は、従来の行政従属関係から企業の出資者の立場に基づいた財産所有関係へ改められる。従来の行政部門の級別に従って国有企業を格付け、国有企業の経営者の待遇を決める制度も、廃止される[36]。

3　私　見

企業は経済組織であり、本来、営利追求を最大の目的とする。中国では、国有企業が株式会社へ改組される場合には、企業の政治・社会の複合的な機能が分離されるべきであるが、社会生活保障体制ができていない現状では、株式会社は、社会的な機能を果たすのもやむを得ないところがある。しかし、政治的な機能は株式会社から分離されるべきであろう。

株式会社における共産党組織がどのような役割を果たすべきか、企業における共産党組織と企業の経営者との関係をどのように構築すべきかを考える際には、中国の市場経済化の進行にともなう国家と企業との関係の変化、市場経済に適用しうる企業の体制づくりに着目すべきである。

市場経済化が進むにつれて、迅速な経営判断が求められてきた。このような要請に対応して、効率的な経営判断システムを作るためには、企業経営は、経営に詳しい専門家に委ねるべきである。もともと国有企業においては、工場長を中心とした経営部門と共産党組織との関係、企業における共産党組織が果たす役割をめぐって、長期にわたって議論されていた。

第四章で述べたように、国有企業における工場長責任制は、一九八四年から実施され、一九八八年に「企業法」によって法制化された後、工場長責任制が企業経営の中心に据えられるようになった[37]。その後、工場長責任制は社会政治情勢の変化および経済体制改革の進展によって曲がりくねった道のりを辿ってきたとはいえども、一九九八年以後、WTO加盟を控え、効率的な企業経営を求める声が次第に高まってきているなかで、企業内部の経営管理体制は、ついに企業の経営機関が企業経営の重要事項を決断する方向へ転換された。

経済体制改革が行われて以来、国家と企業との関係が変化してきた。従来の全人民所有制のもとで、政府が直接に企業の経営管理に当たっていた。企業の財産所有制度が「両権分離」を経て、法人財産制度へと転換されると、政府は、単なる一の出資者に変わり、持分または株式に基づいて企業経営に参加するようになった。現実には、一九九八年に行政機関が再編された後、国家と企業の関係については、政府は、国有資産の持分および株式に基づいて、企業の資産運営および国有資産の価値の保持・増殖に着目して、資産運営および財務状況を把握するために企業へ人員を派遣したり、企業の経営者の人事任免権を行使したりする。一方、企業は自主的に経営し、損益を自己負担し、法により税金を収め、国有資産の経営について責任を負う(38)。すなわち「政府は市場をコントロールし、市場は企業を誘導する」で示されているように、政府は、市場を通じて、価格、税金などの経済手段を用いて、企業に影響を及ぼすようになった。さらに、前述の「基本規範」に定められたように、国家と企業との関係は持分に基づいた財産所有関係へ改められた。このような変化に応じるために、共産党組織は、直接に企業の経営決定に参加するのではなく、間接的に参加することを考えたほうがよい。このような検討からは、株式会社においては、実務において多くとられた、共産党組織と会社機関が兼任され、共産党組織が会社の経営に直接に参加する方式は、経済体制改革が漸進的に進められているゆえに、過渡的な措置として取り入れられるにしても、今後、市場経済化がさらに進み、企業を取り巻く環境が一層厳しくなると、企業の経営者の才能や手腕が問われ、迅速な決断が一層強く求められるであろう。このように考えると、この方式は必ずしも最善の方法ではない。同様に、効率的な企業経営を実現させるために、迅速な経営決断を経営の専門家に任せるという考えからすれば、企業における共産党の組織が、企業の生産・経営に直接に参加するのではなく、企業の営利性を最大化するように、間接的に党や国家の方針・政策の貫徹執行を「保証・監督」することに限定するという考えに賛同する。

なお、具体的な方式としては、共産党組織は、持分または株式に基づいて経営者の人事任免権を行使してよいし、現行中国の「会社法」が共産党の基層組織の設置を法制に組み込んでいることを尊重すれば、正面から共産党組織を組み込んで、共産党組織の代表を監査役会の構成員とすることも考えられるであろう(39)。すなわち、共産党組織から選任された監査役は、「会社法」に定められた職務権限を行使し、取締役や総経理の職務の執行を監査し、また党や国家の方針・政策の貫徹執行を「保証・監督」する役割を果たせばよいであろう。

ほかに、企業幹部人事制度と会社の機関設置に関しては、国有企業が株式会社へ改組されると、従来の工場長(経理)責任制が、株主総会を中心にした諸機関が相互に牽制し合うという機関設置へ移行してくる。企業幹部人事制度はいかにこのような変化に対応していくかが課題である。その際には、共産党組織の人事部門は、「会社法」に従って、保有する株式に基づいて株主としての権利を行使しなければならないと考える。

なお、「会社法」の内容についてふれた際に述べたように、会社機関の効率的な運営や所有者と経営者の健全な委任関係の構築が図られるように、「会社法」自身は、いかに経営者の法的責任を追及するための仕組みを構築するかという課題を残している。

（1）　康徳琯「所有権と所有制との対応関係の分離論と現代企業制度」（「所有権所有制対応関係剝離論和現代企業制度」）法学研究六号（一九九四）四八頁。
（2）　林毅夫ほか「現代企業制度の内容と国有企業改革方向」（「現代企業制度的内容和国有企業改革方向」）経済研究三号（一九九七）九頁、林毅夫ほか『充分な情報と国有企業改革』（『充分信息与国有企業改革』）（上海人民出版社、上海三聯書店、一九九七年）八八頁。なお、本書の日本語訳は、李粋蓉訳、関志雄監訳『中国の国有企業改革——市場原理によるコーポレート・ガバナンスの構築』（日本評論社、一九九九年）である。
（3）　林毅夫ほか「現代企業制度の内容と国有企業改革方向」（現代企業制度的内容和国有企業改革方向）経済研究三号（一九九七）五〜六頁。
（4）　林毅夫ほか・前掲注(3)九頁、林毅夫ほか・前掲注(2)充分な情報と国有企業改革一二二頁。
（5）　上原一慶「中国における企業改革」田中雄三編『脱社会主義経済の現状』（リベラル出版社、一九九四年）二七〇頁。
（6）　周昭「国有企業改革における所有者持分の構造について」（「論国有企業改制中投資者産権的構造」）経済研究一号（一九九五）三二頁、繆建仁＝呂韵華「国有大中型企業の進路について」（「国有大中型企業的出路探索」）経済研究二号（一九九四）四一頁。
（7）　張維迎『企業理論と中国企業改革』（『企業理論与中国企業改革』）（北京大学出版社、一九九九年）一二五頁、一三九頁。
（8）　中兼和津次「中国経済——三つの転換」毛里和子編『現代中国の構造変動（1）——大国中国への視座』（東京大学出版会、二〇〇〇年）一〇四頁。

（9）　呉敬璉「路径依頼（path dependence）と中国改革」（「路径依頼与中国改革」）北京大学中国経済研究中心編『経済学と中国経済改革』（『経済学与中国経済改革』）（上海人民出版社、一九九五年）一五頁。
（10）　たとえば、一九九八年から二〇〇〇年にかけて、国有企業から一時解雇された従業員の総数は計二一〇〇万人に達した。記者会見における中国の国家経済貿易委員会主任の発言による。日本経済新聞二〇〇一年一月一〇日。
（11）　小宮隆太郎「中国とＧＡＴＴ」総合研究開発機構編『中国経済改革の新展開：日中経済学術シンポジウム報告』（ＮＴＴ出版、一九九六年）七四頁。
（12）　呉敬璉『現代会社と企業改革』（『現代公司与企業改革』）（天津人民出版社、一九九四年）二六九頁、林秀芹「『会社法』実施中の問題およびその対策」（「『会社法』実施中存在的問題及対策」）廈門大学学報（哲社版）一号（一九九六）七二頁、肖金成＝萇景州「国有資産経営会社の設立に関する若干の考え」（「組建国有資産経営公司的若干設想」）経済研究四号（一九九六）三三頁、馬駿「世界株式制の経験および中国への示唆」（「股份制的国際経験及其対中国的借鑑意義」）経済研究四号（一九九四）六四頁、楊叔進「中国の社会主義市場経済体制における実質的問題の検討」（「中国社会主義市場経済体制中的実質問題検討」）経済研究五号（一九九四）六四頁。
（13）　王暁暉＝王鋭「国有資産管理および運営新体制を建てる」（「建立国有資産管理与運営新体制」）改革三号（一九九六）八二～八四頁、黄速建「現代企業制度確立中の若干問題」（「建立現代企業制度中的若干問題」）経済研究一〇号（一九九四）五二頁。
（14）　「三〇社試行企業の制度改革の新たな進展の取得」（「三〇個試点企業制度改革取得新突破」）人民日報（海外版）一九九七年五月一七日。
（15）　「国有資産の出資者制度構築を急ぐ」（「急待建立国有資産出資人制度」）人民日報（海外版）一九九七年八月二五日。
（16）　鄭紅亮「会社統治理論と中国国有企業改革」（「公司治理理論与中国国有企業改革」）経済研究一〇号（一九九八）二六頁。陳清泰ほか編『国有企業改革難関15』（『国企改革攻堅15題』）（中国経済出版社、一九九九年）二二頁。

（17）　株式引受申込書とは新規株式を引き受ける証書である。一九九二年八月「深圳株騒ぎ」後、株式引受申込書が導入されたものである。一九九三年一〇月頃には、株式引受申込書は一枚五元で、数量は無制限であった。株式引受申込書の持主は抽選で当たれば、新規株式を購入できる。当選率は僅か一・八％ぐらいであった。
（18）　石良平「国家株の譲渡問題に対して慎重に行うべき」（「慎重対待国家股轉譲的問題」）上海証券報一九九四年三月一八日。
（19）　肖灼基「中国株式市場低迷の局面について」（「中国股市低迷的局面」）経済導報（香港）総二三八〇号（一九九四）二四頁、汪志平「中国の国有企業改革と証券市場の発展」証券経済一九二号（一九九五）七九頁。
（20）　張建民「国家株の譲渡についての思考」（「関于国家股轉譲的思考」）上海証券報一九九四年四月二七日。
（21）　曽憲文「国家株の譲渡問題に対する再認識」（「対国家股轉譲的再認識」）上海証券報一九九四年一月二一日。
（22）　高程徳編『中国証券市場の研究』（『中国証券市場研究』）（高等教育出版社、一九九七年）二一五頁。
（23）　孟京「国家株譲渡に関する考え」（「関于国家股轉譲的設想」）国有資産管理六号（一九九五）三四頁。
（24）　大和証券株式会社ほか編『国有企業から海外上場会社へ——理論および実務』（『従国有企業到境外上市公司——理論与実務』）（中国社会科学出版社、一九九四年）二一二頁。
（25）　喬晋建「中国国有企業の民営化における政府持株」公益事業研究二号（一九九七）七八頁、劉恒中「国有資金の優先株権制について」（「論国有資金優先股権制」）経済研究二号（一九九五）三二頁。
（26）　朱天「会社機関、国有企業改革および制度建設」（「公司治理、国企改革与制度建設」）経済研究一号（一九九八）五〇頁。
（27）　名古屋大学法学部中国企業法研究会において安田信之教授「アジア型企業としての中国企業論の試み」の報告にご教示いただいた。
（28）　大和証券株式会社ほか編・前掲注（24）二一〇頁、李致平「我が国の国有企業の株式会社化に関する思考——馬鞍山鉄鋼株式会社の事例分析および示唆」（「関于我国国有企業股份制改造的思考」）経済理論和経済管理一号（一九九九七）三頁。
(29)「所有制構造と公有制実現形式」研究チーム「株式制に関する若干理論認識問題」(「関于股份制的若干理論認識問題」) 中国工業経済六号（一九九七）二二頁。
(30) 呉敬璉・前掲注(9)二九二頁。
(31) 栗剛「現代企業制度の樹立における党の建設に関する若干問題」(「建立現代企業制度中党的建設的幾個熱点問題」) 求是三号（総一五一号）（一九九六）四五頁。なお、江沢民「確信をもち改革を深化し国有企業発展の新局面を打開する——東北、華北地区国有企業改革に関する座談会における講話」(「堅定信心深化改革開創国有企業発展的新局面」) 法制日報一九九九年八月一三日。共産党第一五期四中全会の「決定」北京週報四二号（一九九九）二九頁。
(32) 陳工孟「現代企業の代理問題と国有企業改革」(「現代企業的代理問題和国有企業改革」) 経済研究一〇号（一九九七）五三頁。
(33) 持株会社の経営者の責任に関する議論については、拙稿「中国の企業制度改革に関する一考察——国有資産の授権経営および国有企業の集団化における持株会社の動向（三）」名法一六九号（一九九七）二六六頁以下参照。
(34) 王珺「国有資産代表の動力と制約」(「談国有資産代表的動力与約束」) 広東社会科学二号（一九九六）四五頁、陳工孟・前掲注(32)四五頁。
(35)「北京試行企業には行政階級制の廃止」(「北京試点企業不再套用行政級別制」) 人民日報（海外版）一九九七年九月一七日。
(36) 人民日報（海外版）二〇〇〇年一一月二日。
(37) 劉文通ほか『国有企業改革の模索』(『国有企業改革的模索』)（上海遠東出版社、一九九六年）一五一頁。
(38) 羅幹「第九期全国人民代表大会第一回会議における国務院機構の改革案についての説明」(「第九届全国人民代表大会第一次会議上関于国務院機構改革方案的説明」) 国務院公報九号（一九九八）四一〇頁。

(39)　共産党組織の企業経営者の人事制度は、経営者を牽制する一面があったが、企業幹部の性質、任期制および任免基準などに弊害があるため、企業の経営者を監督する機能が弱体化した一面もあった。そのために、企業制度改革が行われて以来、企業幹部人事制度の改革が行われてきた。もっとも、かつて一九八八年に、共産党組織が一部の企業幹部の人事任免権を行政部門の国家人事部へ移転させる案を立てたが、一九八九年「天安門事件」のため、その案は挫折してしまった（なお、銭穎一「企業の機関構造改革と融資構造改革」(「企業的治理結構改革和融資結構改革」) 経済研究一号（一九九五）二二頁)。

第九章　中国の企業制度改革に対する評価

第一節　企業制度改革の概容

中国では、経済体制改革は、効率性を求めるために、漸進的にかつ政治体制改革と切り離して進められてきた。中国の経済体制は、公有制原則を維持しつつも、従来の集権的な社会主義計画経済体制から「社会主義市場経済体制」へ移行してきた。企業制度改革は、一九七八年以来、経済体制改革の進展にともなって、企業の財産所有制度をめぐって、主として二つの方向で試みられてきた。一つは、制度的枠組みとして国の単独出資を維持しつつ、企業の経営権の拡大を図って行われた請負責任制である。請負責任制については、一九九三年以後、国有資産の商品化、資産経営による資産価値の保持・増殖、国有企業の集団化などの要請に基づいて国有資産授権経営が用いられるようになった。もう一つは、国の単独出資という所有形態の制度的枠組みそのものを変える株式制企業試行である。一九八四年に株式制企業試行が都市部に広げられてきた頃から、この二つの方向の改革が、しばらくは並行して推進されたが、一九九三年に「社会主義市場経済体制」の樹立が提起された後は、株式制企業試行が、企業制度改革の方向を示すものとなり、企業制度改革における重要性を増してきている。

本書は、一九五六年から一九七八年にかけて採用されてきた社会主義計画経済体制下の企業経営の特徴に触れながら、中国の株式制企業試行について考察した。その際に、現段階の公有制原則のもとで行われているところから、国有企業の株式会社化を取り上げ、国が主要株主である株式会社を中心に考察した。

企業の財産所有制度の改革にともなって、国有企業はどのように市場経済に対応しうる主体へ変容しつつあるか。企業の自主性、企業と国家の関係および経営形態はどのように変化してきたか。そして企業の財産所有制度および政治的な諸要素などは企業制度改革にどのような影響を及ぼしているか。企業制度改革は今後どのような課題を残しているか。本書は、このような問題に関心を持ちながら、中国の企業制度改革を考察してきたのであったが、その結果、国有企業が株式会社に改組される場合、企業の自主性の確立、国家と企業の関係の構築は、いずれも企業の財産所有制度の改革によって特徴づけられている点が明確になってきたと考える。

一九七八年当初、企業制度改革は、全人民所有制のもとで、企業財産について国家所有権と経営権を分離させ、経営権を企業へ移譲させることによって企業の自主性の拡大を図ってきた。国有資産授権経営は、この「両権分離」に基づいて行われた請負責任制の一種であるため、「国有・民営」の組織形態をとっている。しかし「両権分離」のもとでは、国家と持株会社は、従来の行政従属関係のままであった。一九九三年に「会社法」が法人財産権を承認したことを受けて、一九九四年には、「国有企業財産監督管理条例」は、国有企業に関しても法人財産権に言及した。これによって、国家と持株会社の間には、従来の行政従属関係に加えて、平等な民事主体間の請負ないし委任関係が形成されるようになってきた。国有資産授権経営における持株会社の組織形態は、「国有・民営」のままであるけれども、持株会社は、国から授権された範囲において大きな権限を有し、従来の国有企業に比較すれば、その権限は一定の資産処分にまで拡大されるようになった。

他方、国有企業を「会社」に改組することは、一九八四年当初は、前述と同様の「両権分離」の原則に基づいて行われた改革措置であると称されていたが、実質的には、それは国の単独出資という所有形態の制度的枠組みを変える可能性を切り開くものであった。一九九三年に「会社法」によって法人財産権が承認された後、株式会社制度は、中国の企業制度の中心に据えられるようになった。国有企業が株式会社へ改組されると、株式会社は、法人財産権を有することになり、その組織形態は「混合所有・民営」に変わる。国家と企業の関係は、従来の行政従属関係から平等な民事主体間の所有者と経営者の委任関係に変わり、国家は単なる株主の一人になる。

このように、企業の財産所有制度は、一九七八年当初までの間に全人民所有制のもとで実施されていた国家所有制度から、「両権分離」を経て、法人財産所有制度へと移行してきた。これにともなって、企業と国家の関係が次第に調整されてきた結果、国有企業は、従来の行政部門の「附属物」から、次第に自主性を持つ独立とした経済主体になりつつある。

第二節　企業制度改革に対する評価

企業制度改革は、結局のところ、企業の財産所有制度の改革でもあった。しかも、これは、実質的には中国の経済体制改革の中心をなすものであったと見ることができよう。国有企業を法人財産権を有する独立した経済主体に育成するためには、全人民所有制のもとで企業の財産に対して国家が所有権を有するという法的構成を変えて、企業の法人財産制度を確立することが必要であった。これによって、国家は単なる一の出資者に変わり、企業は法人財産権を有する。前述のように、中国の企業制度改革は、「両権分離」に基づき、漸進的に行われていないながらも、会社制度を導入する方向へと進んできた。一九九三年に「会社法」が公布されたことを皮切りに、法人財産権が法制化された。このことは、中国の企業制度改革において、決定的な一歩を踏み出したものであり、企業制度改革における最大の成果である。他方、国有資産授権経営においても国有企業を市場経済体制に対応しうる経済主体に育成しようとしている。これもまた、国有企業を経済主体に育成する上で有意義な一種の実験であると評価したい。

しかし、「社会主義市場経済」とは、所有制度について言えば、公有制原則を維持することを意味する。(1) これはまた、共産党組織による企業経営者の人事決定権によって特徴付けられる。(2) 経済体制改革が漸進的に、かつ政治体制改革と切り離して行われてきただけに、企業制度改革は、公有制原則や企業における共産党組織の役割や企業幹部人事制度といった政治的要素から影響を受けている。一九九三年以後、法人財産権を承認したことは、必ずしも従来の国家所有権を完全に放棄することを意味しているわけではない。企業の財産所有制度に関する法概念について曖昧さが残されたままとなっている。他方、公有制原則のもとでの国有資産管理のあり方や企業における共産党組織の役割や企業幹部人事制度は、企業の独自経営や所有者と経営者の委任関係の構築などに影響を及ぼし続けている。それらはいずれも、中国の経済体制改革に関する基本的方針や社会主義政治理念の維持に関連するものである。それゆえに、これまでふれてきたように、企業の独自経営、所有者と経営者の健全な委任関係の構築などの面においては、多くの問題が残されている。

中国の経済体制改革は経済の効率性を求めて市場経済化の方向へ進められてきた。企業制度改革としては企業の主体性を確立するために会社制度が導入されてきている。しかし、国有企業が株式会社へ改組され、法人財産制度が導入された後、持株会社や株式会社が、実質的に独自性を発揮して経営することができるか、完全に自主性を持つ独立した経済主体になれるかは、結局のところ、中国の政治体制改革が経済体制改革や企業制度改革の要請にいかに対応していけるかにかかっている。企業制度改革の課題として、企業財産制度の改革はもとより、企業幹部人事制度のあり方、企業における共産党組織の位置づけと役割、国有資産の管理方式などを見直すことが求められるようになってきた。このように、経済体制改革が行われて以来、二〇数年を経て、中国の経済体制改革はついに上部構造の改革にまで迫ってきた。企業の所有制度はもちろんのこと、企業幹部人事制度などの政治社会体制の改革に及ばない限り、公正かつ効率的な企業制度を確立することができず、市場経済体制を確立することも困難であり続けよう(3)。

幸いなことに、一九九九年九月の共産党第一五期四中全会の「決定」が出された後、政治体制に関連した改革も大きな進展を見せている。たとえば、二〇〇〇年三月に、共産党江沢民総書記が広東を視察したときに「三つの代表」論を打ち出した。「三つの代表」とは、「中国共産党が優れた生産力、優れた文化、全国広範な人民の利益を代表する」ことをいう。そのうち、特に注目を集めたのは、「優れた生産力」をめぐる解釈である。中国では、ここ二〇数年来、所有構造が調整され、国民経済における非公有制経済の果たす役割がますます重要になってきた。生産力を発展させることが最優先の課題とされているなかで提起された「三つの代表」論は、共産党が「全国広範な人民の利益を代表する」とともに経済の発展に貢献してきた非公有制経済を「優れた生産力」とみなして、それを代表すると解釈している。[4] さらに、二〇〇〇年一一月に国務院が公布した「基本規範」の意義は非常に大きい。国有企業の行政級別による格付け制度や国有企業の経営者の国家幹部扱い制度も同時に廃止されることになったからである。

ここ二〇年来、中国の経済体制改革は、「社会主義初級段階」論を根拠に公有制原則を維持しつつも、所有構造を調整し、市場経済化を推し進めてきた。これにともなって国有企業制度を株式会社制度へ移行させるのは、最善の選択であると考える。他方、国有資産授権経営に見られたように、企業制度改革は、国有という所有形態を維持しつつも法人財産制度を導入することによって、公的所有と市場経済と関連づけることも試みられている。このようにして、中国の経済体制改革は、一九八〇年代末に東ドイツが目指そうとした「第三の道」[5] に向かって進んでいこうという姿勢が鮮明に現れてきた。[6] 国有資産授権経営および株式会社化が成功を収める否かは、結局のところ、中国の政治体制がどれだけ市場経済体制に対応していけるかにかかっている。

（1）　呉樹青「公有制を主体とする原則の堅持——社会主義公有制を主体とした多元的経済要素の共同発展と私有化との境界線をはっきりさせよう」（「堅持以公有制為主体——分清社会主義公有制為主体、多種経済成分共同発展同私有化的界限」）人民日報一九九六年九月一二日。
（2）　石原享一「中国価格改革の新段階」アジア経済XXXVII—七・八（一九九六）二六頁。
（3）　浜田道代「改革開放の進展と企業・金融法制」名古屋大学法学部アジア・太平洋地域研究プロジェクト『一九九〇年代における民主化の諸相（報告集）』（一九九七年六月）一六頁、二五頁。
（4）「新時期における党建設の根本指導思想を強化する」（「加強新時期党的建設的根本指導思想」）求是七号（二〇〇〇）七頁。
（5）　一九八九年一一月のベルリンの壁崩壊前後から、旧東ドイツでは民主主義的な社会主義を目指す運動が起こっていた。当時においては、資本主義でもスターリン主義でもない真の社会主義としての第三の道を歩むという考えがあった。一九八九年一一月から一九九〇年三月にかけての時期に、モドロウ政権の経済相であったルフトによれば、第三の道は所有に関しては何らかのイデオロギー的な原理に基づくものではない。私的所有と市場の存在を前提に、全社会的な利益が守られるように国家による規制がなされるべきであるという考え方であった。したがって、私的所有とともに他の所有形態も存在するという様々な所有形態の混合が望ましいし、とりわけ重工業やエネルギー産業などでは国家セクターが有利であると考えられていた。詳細は、青木国彦「クリスタ・ルフト元東独経済相へのインタビュー」龍谷大学社会科学研究所『旧東ドイツ地域の市場経済化・民営化の現状——一九九四年三月現地調査報告』社会科学研究年報別冊シリーズ五号五九〜六二頁。なお、陳憲『市場経済における政府の行動』（『市場経済中的政府行為』）（立信会計出版社、一九九五年）一五七頁は、戦後西ドイツで、ルートヴィッヒ・エアハルトによって提起された社会市場経済もまた、国家権力の介入を完全に否定した自由経済でもなく、集権的な社会主義経済でもなく、その両者の間にある、いわゆる「経済人道主義的第三の道」であったと位置づけている。
（6）　中国では、「社会主義市場経済」の概念をめぐって、経済運営方式の観点から、経済学者による解釈が多く見られている。その中で、共鳴を呼んだのは、社会主義市場経済を、社会公平と市場効率を結んだものと解釈するという見解である。それによれば、所有形態に拘らずに私的所有を容認し、需給関係の市場メカニズムによる資源配分を行うこととし、政府が、公平な競争環境を作り、創業精神を育て、就職を確保し、国際収支の均衡をとることなどを通じて社会の公平さを保障する経済体制を目指すべきである。この考え方は「第三の道」の考えに最も近いと考えられる（董補礽「社会主義市場経済をさらに研究することが必要」（「対社会主義市場経済還需要進一歩研究」）経済研究一一号（一九九八）一二頁）。

は 行

ま 行

ら 行

事項索引

〈著者略歴〉
虞　建　新（ぐ・けんしん）
1957年　中国上海市生まれ
1983年　上海宝山製鉄所勤務
1987年　華東政法学院卒業
1992年　上海市対外経済貿易委員会勤務
1995年　名古屋大学大学院法学研究科博士課程（前期課程）修了
1998年　名古屋大学大学院法学研究科博士課程（後期課程）修了
1999年　名古屋大学大学院法学研究科助手
同　年　名古屋大学法学博士号取得

名古屋大学大学院法学研究科専任講師・博士（法学）

〈主要論文〉
「中国会社法の制定――その背景、制定過程、主な内容、および若干の問題について」名古屋大学法政論集159号189頁以下（1995年1月）（共同執筆）
「中国の企業制度改革に関する一考察――国有資産の授権経営および国有企業の集団化における持株会社の動向（一）（二）（三・完）」名古屋大学法政論集166号191頁以下（1996年10月）、168号151頁以下（1997年3月）、169号243頁以下（1997年6月）
「中国国有企業の株式会社化――経済体制転換と企業制度改革（一）（二）（三）（四・完）」名古屋大学法政論集184号71頁以下（2000年9月）、185号197頁以下（2000年12月）、187号305頁以下（2001年3月）、188号463頁以下（2001年6月）

中国国有企業の株式会社化　〔学術選書〕

2001（平成13）年9月30日　第1版第1刷発行　3068-0101

著　者　虞　建　新
発行者　今　井　貴
発行所　株式会社信山社
〒113-0033 東京都文京区本郷6－2－9
電　話 03（3818）1019
FAX 03（3818）0344
出版編集　信山社出版株式会社
販売所　信山社販売株式会社

Printed in Japan

印刷・製本／勝美印刷・大三製本

ISBN4-7972-3068-1 C3332
3068-0101-012-050-015
NDC 325.201

会社法判例の研究	中村一彦著	九〇〇〇円
会社営業譲渡の法理	山下眞弘著	一〇〇〇〇円
会社営業譲渡・譲受の理論と実際	山下眞弘著	二五〇〇円
手形・小切手法の民法的基礎	安達三季生著	八八〇〇円
金融の証券化と投資家保護	山田剛志著	二一〇〇円
国際手形条約の法理論	山下眞弘著	六八〇〇円
ドイツ手形法理論史（上）	庄子良男訳著	一三〇〇〇円

信山社